基于现代教育技术发展视角的高校在线教育研究

裴　亮　邓文君◎著

吉林出版集团股份有限公司

全国百佳图书出版单位

图书在版编目（CIP）数据

基于现代教育技术发展视角的高校在线教育研究 /
裴亮，邓文君著. -- 长春：吉林出版集团股份有限公司，
2024.3

ISBN 978-7-5731-4722-6

Ⅰ.①基… Ⅱ.①裴… ②邓… Ⅲ.①高等学校－网
络教育－研究 Ⅳ.①G64

中国国家版本馆CIP数据核字（2024）第059651号

JIYU XIANDAI JIAOYU JISHU FAZHAN SHIJIAO DE GAOXIAO ZAIXIAN JIAOYU YANJIU

基于现代教育技术发展视角的高校在线教育研究

著　　者	裴　亮　邓文君
责任编辑	杨亚仙
装帧设计	清　风

出　　版	吉林出版集团股份有限公司
发　　行	吉林出版集团社科图书有限公司
地　　址	吉林省长春市南关区福祉大路5788号　邮编：130118
印　　刷	长春新华印刷集团有限公司
电　　话	0431-81629711（总编办）
抖 音 号	吉林出版集团社科图书有限公司　37009026326

开　　本	787 mm×1092 mm　1 / 16
印　　张	10.25
字　　数	200千字
版　　次	2024年3月第1版
印　　次	2024年3月第1次印刷

书　　号	ISBN 978-7-5731-4722-6
定　　价	55.00元

如有印装质量问题，请与市场营销中心联系调换。0431-81629729

前　言

　　本书采用理论与实践相结合的方法，从现代教育技术的基础理论出发，细致而全面地讨论了当代高校教育技术与在线教育，同时将现代教育新理念的有关理论知识和在校教学的应用实践相结合，不仅分析了当代高校在线教育的历史脉络、发展态势及其对民办高校、地方高校的意义等多个方面的要点，而且结合特殊历史背景，通过循序渐进的论述，讨论了在线教育的实践、现代教育技术创新应用于在线教育和教学质量探索，还结合现代教育技术、大数据、人工智能、新媒体技术等对我国高校在线教育的培养效果与未来展望进行了探讨。本书对从事现代教育技术应用和在线教育工作及相关领域研究的人员具有一定的参考价值。

　　本书在撰写过程中参考及引用了部分文献资料，在此向有关作者表示感谢；同时，也感谢出版社编辑的辛苦付出。由于笔者水平有限，时间仓促，书中难免有疏漏之处，敬请各位同行、专家提出修改意见及建议。

裴　亮　邓文君

2024年1月

目　　录

第一章　现代教育技术与在线教育概述

第一节　现代教育技术的基本理论

一、教育技术的概念界定

教育技术的概念最早出现在《教学技术：范畴和定义》一书中。该书将教育技术的概念定义为："为了促进学习，对有关的过程和资源进行设计、开发、利用、管理和评价的理论与实践。"[①]尽管这个概念看起来简单，但是具有高度抽象性。随着现代科技的迅猛发展，这个概念与国际教育界所倡导的许多教育理念和技术普及观保持一致，如创新教育、素质教育、互联网教育等。因此，这个概念被翻译成多种语言并被视为当前最权威的教育技术概念，在国际教育技术领域具有重要影响。

按照前述理念，可以将教育技术划分为五个主要领域：设计、开发、利用、管理和评价。具体细节如下：

（一）设计

设计的本质在于详尽阐述学习环境的构建方式，旨在创造出有效的方案或者产物。此处的"设计"不仅涵盖微观层面上的构思，而且包含了宏观视角下的规划。例如，而微观层面则可能是针对某个特定课时的安排或是整节课的策划，宏观视角下可能涉及课程体系的设定。从广度来看，设计可以被划分为四个主要类别：教育系统的制定、信息的编排、教学策略设计和对学生特性的研究。因此，设计作为教育技术的核心理念，也是教

---

① 马俊臣. 现代教育技术理论与实践［M］. 长春：吉林出版集团股份有限公司，2017.

育技术领域中最关键的部分。

（二）开发

开发是指按照预先设计好的计划来处理学习资源和学习过程，并将其转化为实际物品的活动。这一活动主要包括制作教学媒体，如印刷媒体、视听媒体（广播、录音、电视等音像媒体），以及基于计算机技术的软硬件开发。随着计算机技术的不断发展，尤其是网络通信、多媒体、数据库、人工智能、专家系统和人机界面技术的进步，基于计算机的教学系统正朝着集成化方向发展。

（三）利用

教育的实现过程依赖于教师教授知识并引导学生学习的手段及资源。这涉及四种应用方式：媒介运用、创新推广、执行和体制化、政策和法律规定。其中，媒介运用是指系统地使用学习资料，它是在根据教学策划做出决定的过程中完成的；创新推广是为了让变革的结果得到接受，需要采取有序的方法去宣传；执行和体制化是个人在组织内正确地使用变革结果的行为，其目标在于把这些变化融入整体机构之中；政策和法律规定是一种约束和指导教育科技发展和运用的强制性规章制度。

（四）管理

管理指的是通过计划、组织、协调和监督来控制教学。管理的四大核心部分分别为：项目管理、资源管理、传递体系管理及信息管理。其中，项目管理侧重制订并执行关于课程设计的方案；资源管理关注如何合理配置资源以满足系统的需求；传递体系管理涵盖策划、实施和监管有关教材发放的方式，即选择合适的媒介和方式展示给学生；信息管理则是负责规划、监测和掌控数据储存、转化或者处理的过程，旨在为学生成长提供所需的支持。随着时代的变化，未来管理决定会更加依赖信息技术。

（五）评价

在教育技术领域中，评价是对计划、产品、项目、过程、目标或课程的质量、有效性或价值的正式确定，包含问题解析、标准化测试、持续性评估和终结性评估。问题解析涉及到运用信息搜集及决定策略，以揭示问题的核心和边界。它是教学评估的前置阶段，在此阶段需要明确的目标和限制因素；标准化测试用于衡量学生对预期知识的理解深度。这种方法让学生了解自己在相较于标准的水平上达到了什么位置；持续性评估旨在获取达成目标的信息，并将之用作发展的基础；终结性评估则涵盖收集完成目标的数据，以及根据这些数据做出的关于如何使用的决策。对于教育技术而言，不仅应该关注教育的、教学系统中的终结性评估，而且要重视持续性评估，将其视为主要的质量控制手段。因此，必须迅速分析教育、教学进程中出现的问题，并依据准则进行定量的检测和对比。

二、教育技术的理论基础

（一）现代学习理论

在当今教育科技的理论架构中，学习理念是最重要的部分。教育科技必须依据科学的学习理念来规划、开发、使用和管理学习流程与学习资源，以助力学生实现有效的学习。

1. 行为主义学习理论

行为主义学习理论认为，学习是刺激和反应的联结。依据经典的条件作用原理，一种中间状态被频繁伴随于另一种已被认知的状态时，就会引起特定的响应动作；持续反复出现此种情况直到仅靠该间接因素便能激发对应的行为模式后，全新的反馈关系即告形成。换句话来说，就是新形态的影响力取代并覆盖掉了原始形态的存在感。行为主义学习理论研究者把由于刺激而被动引发的反应称为"应激性反应"，机体自身主动发出的反应称为"操作性反应"。这些可用于阐述以实际行事为基础的教育过程，如阅读、书写，理解能力提升问题上需要采取一系列逐步推进的方式方法，才能实现目标效果，也就是增强型的下意识影响。研究者将其提炼为"刺激—反应—强化"，并形成操作行为主义理论。根据这个观点，在学习的进程里，一旦向学生提供一些教育资料（触发因素），他们可能产生多种回应（生理反射和行为反射）。然而，仅有那些与教育资料有关的反馈才被视为有效的行为反射。如果学生做出这种有效的反馈之后，就需要立即对其进行奖励，如当回答正确的时候说"很好"或者"对了"，而回答错误则说"不是"或者"错了"。这可以大大降低下一次遇到相同情况时的出错概率，并有助于建立起信息和学生反应之间的联系，实现对于教育信息的学习过程。

2. 认知主义学习理论

根据认知主义学习理论，学习不仅仅是一种接受外界信息的机制，更是一种自我组织、自我表达的能力，它需要人们根据自身的态度、需求、兴趣，利用已有的知识与经验，主动地处理外界的信息，并将其转化为有效的行动。"认知主义学习理论把学习过程被解释为每个人根据自己的态度、需要和兴趣并利用过去的知识与经验对当前工作的外界刺激做出主动的、有选择的信息加工过程"[1]。

根据认知主义学习理论，学习的成功取决于学生的认知能力，即他们如何理解并掌握所学知识。这一理论重点关注的并非学生的学习动机，也不仅仅局限于学习内容，而是包括学习方式、学习方法、学习技巧等。把学习看作是掌握事物的意义，学生可以用符号表征观念和认知结构中原有的适当观念之间建立实质性、非人为的联系，从而更深入地了解一个事物的含义，并通过将其与其他东西相关联深刻地体会其价值。

3. 建构主义学习理论

建构主义学习理论提倡将学生置于核心位置，将他们视为主导性的主体，鼓励他们主导构思、探索、实践，并且着眼于创造有利于他们发展的教育环境。

（1）通过不断的探索和实践，学生获得有关自身和外部世界的信息和经验

人类的认知能力受到先前经历影响，当学生接触到新的知识点时，他们不仅仅是通过教师的讲解来获取知识，更多的是通过自身的实践经验来理解，并将其转化为自己的表达。这种知识的获取是由学生与外界环境相互影响导致的。因此，高校大学生在评估知识的正确性时，其正误判断是相对的，而不是绝对的。当高校大学生尝试去构建一个新的知识表达时，应该不断地改进和完善，使之成为一个开放的、多元的体系。当学生学习

---

① 郭昱麟. 浅谈认知主义学习理论的研究及其应用 [J]. 黑龙江科学，2015（9）.

一个新的知识单元时，他们会将其分解为若干个独立的知识体，这些知识体又可以被看作一个个独立的结构，而这些结构又是在原有知识体的基础上发展起来的。

（2）学习是一种活动的过程

学习不是机械地接受，而是充满活力的受教育过程。教师需要把握住学生的学习需求，激发他们的学习热情，让他们把新的知识融入原有的知识结构中，形成一个完整的、开放的知识体系。只有这样，学生才能真正发挥自己的潜力，从而获得更多的知识。

学习的进步取决于个体的经历和理解。每个人都有自己独特的见解和体验，这就导致他们对知识的理解可能存在差异，甚至有些人的理解与实际情况并不相符。因此，要想让这些差异得到改善，就需要在社会中进行长期的交流和沟通，最终形成一致的认识。

（3）学习必须处于丰富的情境中

学习并非一成不变，它需要通过可操作性和可行性进行，因此，高校必须把重点放在将理论转化成可以利用于实际操作的技术上，以便提高学习成果。通过对现实环境的深入分析，以及利用已有的知识框架来推动新的想法和观点，可以有效地评估一个人的学习能力，从而决定他们学业能力的高低。

（二）人本主义教学思想

人本主义教学思想十分重视学生高层次学习动机的激发，强调充分挖掘学生的潜能和积极向上的自我概念、价值观和态度的体系，使学生成为人格充分发展的现代人才。

人本主义教学思想的产生，源于现代科学发展中人对科学产品的使用和在智能化时代发展过程中"关于人的价值丧失"的思考。随着科技快速发展，科学主义成为20世纪教育发展的主流。20世纪50年代，在各国的教育改革中，各种教学思想、教学观点层出不穷。其中，认知心理学和行为主义对人性的认识分析带来困惑，教育工具化，接受教育、获取知识兴趣的快乐体验无法得到重视，教育单纯成为人们获得更高技能与认可的一个途径。也正是在科学技术不断发展的影响下，人类社会的生产、生活方式和模式发生了很大的变化——科技改变生活，人们依赖科技，同时也会越来越受制于科技。因此，在教育层面，人们越来越强调人本主义，旨在将人从"器物"中解放出来。现代人本主义强调，应将人类从依赖科技中解放出来，恢复人在世界中的本体地位，而非依附于科技发展。从社会发展中人的主体地位体现到教育领域中对作为学生、教师的教学活动参与主体的"人"的重视，"以人为本"在包括教育在内的各个领域得到重视。

"人本主义的实质就是让人领悟自己的本性，不再倚重外来的价值观念，让人重新信赖、依靠机体估价过程来处理经验，消除外界环境通过内化而强加给他的价值观，让人可以自由表达自己的思想和感情，由性地健康发展。"[①]人本主义的核心理念是让人们更加深入地理解自身的本质，不再受外部意识形态的束缚，能够更加自主地表现思维与情感，从而实现性格全面、健全地成长。人本主义教学思想不仅关注教学中认知的发展，而且关注教学中学生情感、兴趣、动机的发展规律，"注重对学生内在心理世界的了解，以顺应学生的兴趣、需要、经验及个性差异，达到开发学生的潜能、激发起其认知与情感的相互作用，重视创造能力、认知、动机、情感等心理方面对行为的制约作用"[②]。人本主义教学思想强调通过深入探究和洞察，满足不同年龄段学生的不同需求，从而促进其智慧、思维、情绪和意志的健康成长。

（三）系统科学理论

系统是一个有机整体，由相互作用和相互联系的要素组成，并且具有特定的功能。教育技术学学科的形成和发展受到系统科学的思想、观点和方法广泛而深远的影响，这些思想、观点和方法是教育技术学重要的理论基础之一。

1. 整体原理

作为系统的核心特质和基本理念，整体性被视为系统论的基本原则。根据系统科学理论，唯有当各部分之间存在关联且构建出完整的架构时，才能实现其全部的功能。虽然每个组成元素都构成系统的一部分，但是必

① ［美］卡巴尼斯. 心理动力学疗法［M］. 徐玥，译. 北京：中国轻工业出版社，2012.
② 郭念锋. 国家职业资格培训教程（心理咨询师）［M］. 北京：民族出版社，2005.

须将其放在整个系统的环境下来分析。同时也应该认识到，任何一种系统都不是独立存在的，它们会与其周围的环境产生密切的关系，因此需要从这个角度来看待问题。

虽然系统是由多个组成部分构成的，但是在功能方面，各个部分的总功能并不等于整体的功能。任何系统的整体功能应该等于各个部分功能的总和，并且还要加上相互连接形成新结构产生的功能。

2. 反馈原理

一个控制体系需要有管控部门的信息传输至被监管领域，同时也需要被监管领域的反向资讯传递给管控部门，这样才能构成一个封闭环形流程。根据系统科学理论，唯有借助反馈资讯，才有机会实施精确的管理并达成目标。

反馈可分为两类，当反馈信息能够增强对控制信息的影响时，被称作正反馈；当反馈信息与控制信息的效果相反时，则被称作负反馈。负反馈有助于维持系统的稳定状态，是一种可被控制的过程。

3. 有序原理

有序指的是一种体系的特性、构造和效用，其发展趋势是自简至繁、从初级到高级。这并不单纯意味着时间顺序或者空间安排的前后关系，而是一种对体系组织的提升、信息的增加或是减少。根据系统科学理论，唯有具备开放性和波动性的系统才能朝着有序化前进；如果是一个封闭并且保持稳定状态的系统，想要实现有序化的转变几乎不可能。

为了使系统得到进步，从无序转变为有序，第一个必要条件是系统必须是开放的，第二个必要条件是系统必须存在波动，也就是说，应该远离平衡状态。

第二节　在线教育的基本理论

一、在线教育的概念界定

国内外研究者普遍认为，在线教育起源自远程教育，作为其一类表现方式。远程教育也被称为远距离教育，是指所有类型的学习机构或者社区组织，采用不同的教育科技手段和媒介资源达到连接、互动和整合的目的，从而使教师和学生即使在时间和空间上有一定差距也能保持有效沟通和学习的活动。以下是远距离教育的五大明显特点：（1）在整个学习过程中，无论是教师还是学生，都是处于接近隔离的状态；（2）学校在教材提供和辅助支持两方面对学生的学业产生影响；（3）借助多种通信工具和媒体设备，建立和维持师生之间的联系，同时传输和接收教学资料；（4）鼓励师生之间的双边对话和交流；（5）学生的主要学习模式是以个体为主导的方式，但有时需要面对面接触可能只是为了社交需求或是特定的教学目标。

早期远端教学源于19世纪中期邮寄函授教育模式。那时，这种形式通过邮件解决长途问题，向每个学生发送教科书和资料，让他们自行研读；由教师用书面回馈的方式指引他们学习的方向。可以说，函授是现代远程教育的起源。20世纪中叶，随着电视台与无线收音机的出现及其普遍使用，远程教育开始转向视听一体的学习方法新领域，并在全球范围得到推广应用。20世纪70年代，我国创建了中央广播电视大学；中国电大系统成为世界上最大的开放与远程教育系统。20世纪末，互联网技术兴起。由互联网技术带动的数字技术蓬勃发展，使得远程教育发生了翻天覆地的变化。新兴应用的计算机信息技术和互联网，使得教育界可以利用现代信息技术和多媒体手段实现非面对面的教育教学过程。从这个角度讲，现代远程教育就是在线教育。在线课程以异步、在线和课程三大特性而闻名，也标志着在线学习任务和活动的开端。

远程教育比在线教育发展更早，而如今，远程教育的媒介已经不再局限于互联网技术，因此，有必要对远程教育和在线教育的定义进行区分。远程教育利用一种或多种技术为学生提供指导，与教师分离，并支持学生与教师之间的同步或异步交互；而在线教育"是自20世纪80年代以来，基于互联网技术，开发和利用在线教学资源，通过在线教育平台、课程管理软件或社交媒体实施同步或异步教学，充分关注学生参与和深度互动的教育形式"①。新兴技术，如大数据、云计算、虚拟现实、物联网、人工智能的快速发展推动了互联网和教育的结合。现代信息技术的应用促进教育改革与发展，当今的在线教育是教育信息化的综合应用，它的显著特征是数字化、网络化、智能化和多媒体化。

二、在线教育的优缺点

（一）在线教育的优点

1. 更灵活

"随时随地可学"的理念得以实现于在线教育中。线下课程通常依赖于特定的学习场地。然而，这种限制被打破了，因为在线教育无需实体环境的支持。原本静态的课堂现在成为一种可在互联网领域流动的教育资源。当学生能连上网时，可以在各种地方如操场、家中、餐馆或医院等地学习。

2. 成本低

互联网使得教育可以在任意地方展开，突破了传统的地理界限，大大减少了教学花销。此外，"一节课程可多次收看"与"一名优秀教师能为数千人讲授"，这些事情在网上能够以较低的代价完成，而在现实中则需要付出更多的努力。

3. 资源共享

互联网资源能够共享是在线教育另一个明显的优势。例如，在线教育平台提供了大量高质量且免费的教学资料，涵盖世界各地知名学府的名师授课。用户只需要具备相应的电子设备并连接上网络，即可访问这些宝贵的教学资源。这种资源共享的方式使得更多的学生有机会接触到优秀的教学内容。

4. 可重复

学生可以在线多次浏览课程。对于不明白的内容，他们能够通过网络反复学习直到理解。这种重复性也有助于学生进行阶段性的复习，这是传

---

① 谭艳桃. 美国佛罗里达大学在线教育硕士研究［D］. 长沙：湖南师范大学，2021.

统的线下教学方式无法实现的。

5. 终身学习得以实现

在线教育可以助力学生实现终身教育的目标。这种新型授课形式突破时间与地域限制，减少学费支出并实现了最大的知识分享可能。因此，无论是在校还是离校后的人群，都可以通过此种途径便捷获取新知。对于那些坚信持续自我提升价值观念者而言，采用互联网课程显然是最理想的选择。

（二）在线教育的缺点

1. 在线教育容易让学生感到孤独

如果长期使用在线教育的方式，那么学生与学生之间、教师与学生之间就缺少了互动与交流，学生容易感到孤独，进而降低学习的兴趣和主动性，最终影响学习效果。

2. 在线教育降低了师生督促效果

在线教学的方式下，教师的监管力度有所下降且学生活跃度降低很多；缺少课堂环境的学习过程使得师生间的感情沟通变得稀少、缺乏深度交互与思考的机会，对于激发新的思维方式是极为不利的。如果只是单纯地听取讲授内容或观看乏味无趣的多媒体展示，那么无论是教师还是学生，都可能感到厌烦并丧失学习热情。此外，当面对面接触消失时，学生的一些行为细节就难以引起教师和家长的注意，而他们的情绪变化也会不易为他们感知到。这种情况下，教师往往忽视掉学生的身体动作反应，从而影响其积极性和投入程度。

三、互联网技术应用于在线教育的表现

（一）互联网能够提供更新更全的数据与资源

众所周知，网络的主要特性在于信息分享，而从某种程度上讲，下载文件也属于这种信息的传递方式。确实如此，下载文件的确是一种网络的功能，然而其用途并不仅限于此。虽然许多教师会利用搜索引擎或其他简单网页来寻找所需的信息，但是这样的做法并未充分发挥出网络数据的巨大潜力。大量的数据资源储存在互联网上，但却无法被搜索引擎检索到。因此，用

户必须具备一定的专业技能加深对网络的了解，以便能够获取最及时、最全面的数据。比如，某些专门领域的研究报告会在不断更新过程中产生极高的学术价值，有时甚至可能不在搜索引擎上提供免费访问权限。这时，他们可以选择动态图书馆或电子阅览室以获取最新的研究成果，供自己参考学习。此类文章并不一定都是汉语撰写，还包括英语和其他外语作品。因为它们是最新发布的，所以往往缺乏现成的中译本。这也意味着读者需要有较好的外语能力才可顺利理解。针对电脑科学相关的教职人员而言，他们能迅速地接触到开放式的编程码，从而为他们的程序设计工作带来巨大的实用价值。

（二）互联网技术能够实现网上考评，节约人力与物力的资源

借助互联网上的实时网站构建技能，可以创建线上测验平台。这允许使用伺服器来管理测试，并使学生能够以访问客户端的方式参与其中。此外，它还实现了线上批改作业。这种方式不仅能有效地减少教师的工作负担，而且能减少纸张试卷的打印和储存成本等一系列工作步骤。此种网络考题系统也可以扩展其功能，以便于教师和学生之间的交流互动。突破传统教室授课时间局限，使得学生可以在有问题的时候立即通过网络发送疑问，并在教师回答之后立刻获取答案，从而增强师生间的互动程度。

（三）利用互联网功能，实现智慧校园管理

教育和学习是学生的核心部分，他们在校的生活可以通过网络技术构建的智能化学校环境得以优化，使得学生能够利用他们的身份证件（智能卡）完成各种活动，如用餐、借阅图书、使用体育设施甚至参加课程或测试等。这些操作都可以通过网络平台实施对学校的智能化管理。此外，教师也可以借助这个系统执行其日常工作任务，包括教务管理的各个环节。

（四）打造过硬的教学实验环境

为了满足特定课程的需求，如那些强调实际应用的课程，学校必须确保有完备的实验设施和场地。网络技术能为计算机专业的学生提供虚拟实验的环境。通过把互联网作为基础，实现在线实验的一体化。此外，针对自动控制、电子工程等相关领域的专业，可以通过使用仿真工具模拟实际操作过程，从而减少建设实验室所需的费用并保持同样的实验效果。而对于那些需要引入实体设备的科目，可以借助互联网获取产品销售数据及详细参数，方便购买设备和建立试验空间。

（五）丰富教师间的互动，促进教师间进步

借助网络技术，教师能够以文本形式表达自己的观点与想法。通过使用互联工具开展说教课程或优质课堂活动是一个很好的切入点。学校应该创建并维护一组高质量的教育内容在线平台，同时应录制教师的授课过程及实践演示的视频资料供教师参考借鉴，以便他们在工作之余能借此机会相互交流经验，从而提高自身的教授技巧。

四、互联网技术发展对在线教育的意义

（一）转变教师教育观念，提高教师对教育的深刻认识

21世纪，全球各地都在积极探索并推动现代教育体系的发展，同时也在努力利用信息技术来改进教学方法，以期能在未来信息化时代的教育领域占据领先地位，确保本国在全球竞争中始终保持优势。

虽然互联网只是信息化的表现形态，但是其所提供的丰富数据及便捷的信息获取途径才真正体现了信息化的核心价值。所以，教师应该迅速掌握并融入这个以数字化为基础的教学环境中，持续提升信息化能力、技巧和效果。现今全国普遍采用的电脑技能训练方法已无法满足众多教师的需求，因此，亟须根据教育的现实需求设计一套既有前瞻性又有实用性的现代化教育科技学习系统，同时创建一个可以自我调整的竞争体制。

在信息时代中，显著的特点就是其开放性和跨时空特性。对于所有的区域、学校和个人而言，这个新颖的时代带来了前所未有的挑战。为了应对这些挑战，教师必须持续地自我提升并丰富自己的知识储备，这样才能走在时代的前沿，勇敢面对新的挑战，从而成为推动现代教育飞跃发展的重要力量。

人才教育的核心在于教师，而他们的教育理念转变不仅代表了时代的进步，而且是影响教育的重大因素。教师能够有效且恰当地运用互联网资源，不仅有助于提升他们自身的学习能力和知识更新的能力，而且能借助电脑及网络强大的特性去探寻全新的教育体系和教学方式，培育符合信息

化社会所需的新一代人才，以此来保证高质量和高效率的教学水平，并满足"知识爆炸"和知识快速迭代的需求。

（二）学生变被动学习为主动学习，符合学习规律，提高学习效率

网络环境为人类大脑注入了大量的资讯，同时也激发了学生的思维活力。借助互联网的力量，学生可以随心所欲地寻找他们所需的内容，这种进步打破了教师固有的思想框架，让学生真切感受到遨游知识世界的美妙体验。互联网提供的海量资料促使教育内容更新换代，倡导以学生为主导的教育理念，全面激活他们的自学能力和求知欲望，强调提升学生的高级逻辑思维及解决问题能力，同时注重培育其创新精神和创造力。在这个提倡综合素质教育和创新教育的时代背景下，必然会引领教育走向更高水平的发展阶段。

利用在线信息搜索与查找功能可以为教师提供教学准备所需的支持，包括课程设计及线上授课模式下的个人自学需求。此外，借助线上的通信工具，如电邮或参与各类主题论坛等方式也使得教师能够更好地掌握学生的动态并保持联系。通过整合线下课堂的学习内容到虚拟环境中去，有助于实现多样化的知识获取途径，以适应不同的学情需要，从而促进所有类型的学生获得全面的发展机会。而对于现代社会而言，提高人际沟通能力已成为一种必要的人才素质标准。

第三节　我国在线教育发展脉络

在线教育源于远程教育，并且伴随互联网技术的普及而发展起来。从这个角度讲，我国在线教育发展脉络与世界各国高校在线教育的发展历程是一致的。

一、20世纪70年代至20世纪末

（一）主要概况

在这个阶段，伴随计算机技术的发展和互联网的兴起，不管是我国还是世界各国大学，都在推进在线远程教育。在20世纪70年代个人计算机尚未诞生之前，远程教育最初以无线电广播为手段，随后在电视机普及的帮助下，采取了在电视上呈现主讲者特写镜头的方式进行授课。这种教学方式迅速在全球范围内广泛应用，并在许多国家建立了远程教育大学。1979年2月6日，中央广播电视大学在我国正式开设了课程，第一堂课由著名数学家华罗庚主讲高等数学。尽管远程教育解决了地域和时间的限制问题，但是由于广播和电视只能进行单向传播，无法实现传统面对面授课中教师与学生、学生与学生之间的相互交流，因此它是一种单向的教学系统。

有效的授课要求教师和学生之间进行互动，并且学生与学生之间也要进行互动。随着计算机技术的飞速发展，尤其是网络和多媒体技术的应用，实时传递和双向交流已经成为现实，为远程教育带来了时代的内涵。基于网络技术的第三代远程教育，也就是在线教育应运而生。世界各国纷纷开展基于网络的在线教育。

（二）表现特点

在这一阶段，在线教育的发展主要表现为以下特点：

1. 将在线教育作为远程教育的延伸

在这个阶段的在线教育基本上是基于远程学习的进展结构来实施的，其执行的线上学习也只是对传统远程学习的变种，技术的思考占有核心地位，主要是寻求把最先进的技术应用于线上教学中以推动教育资源的扩散。"从以往通过函授、广播、教育电视向社会大众传播教育资源发展为通过网络为学生提供远程教育资源，技术手段与传播媒介发生变化，改变了以往远程教育的学习资料传递方式"①，然而本质上仍然处于单纯的信息传达层面上。

2. 以在线教育为主要平台

在这个阶段，在线教育的构建主要是借助创建网络学院或设立续教机构以实现线上的远距离教学，同时依赖于技术支撑与管理的执行交给科技公司。到了20世纪90年代后期，一些专注研发"学习管理系统"的教育型互联网企业应运而生，大部分高校也纷纷采用这种方式对自身的教育资产

---

① 吕森林. 中国在线教育产业蓝皮书（2014—2015）［M］. 北京：北京大学出版社，2015.

进行管理。

3. 建立在线教育资源

高校自主决定并执行线上教学内容的选取与制作，自我供给且自行销售，激励教师创建及共享线上的学习资料。最初阶段，教师把讲课稿和教材以文字形式发布到互联网上。随着多媒体技术的进步，他们逐渐地把授课录像、演讲视频等搬上互联网，让学生通过注册网络账户来获取这些信息。然而，这种方式存在较高的独立性和闭塞性，导致教育资源杂乱无章。

二、21世纪初至2012年

（一）主要概况

在这个阶段，全球范围内的"知识共享"理念得到普及。与此同时，科技的发展速度惊人，在此前引领网络教育的各个国家和高校均已认识到：除了线上课程外，在线教育还有其他形式的教育资源存在其中；知识并非一成不变，而是一个互动的过程。因此，美国莱斯大学率先提出并推广了教育资源共享概念，提倡公开所有可以公开的教育资源，如教学材料、学习设备、教学应用程序和教学资料等。随后，美国麻省理工大学于2002年正式启动开放课件项目，向社会发布大量教学资源，其开放的教育资源之多堪称史无前例。美国于2006年设立了由斯坦福大学主导的私立线上高中项目；同年，麻省理工大学也推出了名为"聚焦高中"的项目，旨在提供高质量的高级中学课程给学生，同时鼓励他们提早体验大学的学习内容与实践活动。在我国，在2000年10月25日全国中小学校信息科技教育大会上，教育部已明确提出推广信息化教学的重要性，推行"校园网络化"策略，并且设定了其目标。另外，研发在线教育专门的教学形式也是这一阶段各国高校普遍重视的课题，"慕课"就是诞生于这一背景下。与此同时，企业、社会机构业纷纷进军在线教育领域，为在线教育的继续发展贡献力量。我国的教育卫星宽带传输网于2000年10月31日正式启用，为全国提供各类教育的电视、语音广播和IP数据广播服务。除了教育资源共享之外，在线教育的关注点也发生了转移，转向基础教育和专业教育。

（二）表现特点

在这个阶段，在线教育的发展主要表现为以下特点：

1. 拓展开发教育资源的广度

基于教育资源共享理念，开放教育资源。致力于打造和分享高质量的教育资源，并建立了一个对所有人开放、动态、直观和协作的开放教育环境。这不仅包括学习资源，而且提供了支持在线学习的工具和软件，并创建了一个虚拟学习社区。学生可以在网站上免费查看、下载和使用。开放式教育资源的推广使得高质量的教育信息在全球范围内得到广泛传播，深化了人们对知识共享观念的理解。这也为学生创造了一个相对完备的网络学习环境，并有力地促进了各国网络教育的发展。

2. 关注基础教育和专业教育

利用网络平台开展各类教育训练活动，如对教师的专业提升或是对其他行业人员的持续进修等；同时，借助创建线上教育计划及全职在线学院推动初级教育的在线学习。我国已经成功地在全国范围内推广并执行了"校园联网"项目，使得90%以上独立设立的中小学可以接入互联网，从而确保所有的中小学教职工都能够享用到网上教育资料，提升全部中小学的教育教学品质，并且可以让每位教师都有机会参加以增强其实施素质教育能力与技巧为目标的进一步教育培训。

3. 开发在线教育专门教育模式

经过对于前一阶段线上学习的经验总结与反思，各高校逐渐认识到之前的线上学习方式仅仅是复制传统教室环境的一种资源共享手段，忽略了线上学习的本质需求，因此，它们决定开展针对性的网络课程设计及试验，如慕课。世界上第一堂"慕课"诞生在美国斯坦福大学，两位教师以网上无偿授课的形式开讲《人工智能入门》，吸引了超过16万名学生从世界各地参与其中。慕课采用的是模块化的学习方法，其社交互动程度更高，课堂形态也更为多元化，可以依据学科特色、学生特性和实际需求，量身打造一种内容更多样、形式更新颖且人文化的教育方案。

三、2013年至今

（一）主要概括

慕课的普及与网络科技、数字化工具及新型媒体的高效进步，共同推动了在线教育的长足进展。我国相关部门出台了一系列扶持政策来推动在线教育的发展。在各项政策扶持下，通过各级教育部门、学校和教师的共同努力，在线教育得到稳步发展，目前已经初具规模，各个在线教育平台以各具特色的技术优势活跃在大众的视野之中。随着网络通信科技的发展和广泛应用，我国在线教育的繁荣始于2013年，并在2017年通过直播模式实现了大规模扩张，之后逐渐步入稳定期。2021年7月起，政府监督机制相继实施，相关的政策支持也在持续优化，标志着以学前教育至高中教育为主导的在线教育市场标准化进程已经启动。目前，在线教育产业已经形成多元化的子领域，显示出其向更深层次的专业化方向发展。此外，教学生态系统正在演变为一种结合线上学习技术和传统教室环境的混合型教育模式，而在线学习的使用者人数每年都在增长。

（二）主要问题

1. 学生方面

部分学生对在线教育表现出抵触情绪，不愿被远程控制约束；还有一部分学生对在线教育表现出新奇的感觉，以娱乐的心态面对新的教学形式，但是与授课教师缺乏面对面的沟通，学习效果并不好。

2. 教师方面

由于缺乏在线教育教学经验，突然出现的教学方式转变，使得教学准备阶段的工作量陡然增加，对与线上平台在短时间内难以熟练操作，出现面对镜头不适应、忧心教学效果等心理反应。

3. 家长方面

面对日常的在线教育，部分家长会感觉本属于学校的教学任务一下子转嫁到家长，每天都需要花费大量的时间对孩子进行监督和辅导，同时担心孩子视力下降等问题，由此产生了各种焦虑情绪。

4. 在线教育平台方面

面对用户量的剧增，各个在线教育平台也不堪重负，技术支持压力猛然增加，需要对平台系统进行不断的升级和优化，而且平台的稳定性也差强人意。

（三）发展方向

1. 培养学生的自我管理能力

在线教育的困难不是技术问题，而是学生是否有自我管理的能力。教育部门明确禁止幼儿机构开展线上授课活动，原因在于此阶段的儿童尚未掌握自主学习的能力与技巧，因此，对于未来学习模式下的自控力提升问题需要深入思考并探讨。教师应从情绪层面出发，指导学生建立自信心及反省意识；从意志品格层面入手，引领他们学会自我监控与约束自己的行为；而在日常生活习惯上，要鼓励学生制订个人规划并执行之，同时定期检视自身的行为以做调整，从而形成一种内在的管理机制；通过增强他们的认识水平，激发其主动性和责任感，最终达成培育出良好自学能力的终极目标。

2. 培养学生自主探究的能力

在当前技术条件下，获取学习资源可以说方便快捷，而要使学习有成效，关键是要培养学生自主探究的学习能力。可以从以下方面进行思考：（1）强调基于问题的学习。通过学生自主学习、交流合作来思考问题的背景、解决问题、拓展问题，从而提高学生的学习主动性、团队合作精神及科学素养；（2）给学生选择权，让学生决定下一步做什么，教师鼓励学生尝试新方法，给学生"试错"的机会，而不是直接给出答案；（3）鼓励学生进行反思。在课堂教学时留出时间让学生进行汇报，让其回顾自己的学习思考过程，反思需要保持或改进的地方，谈谈学习感受，并鼓励学生进行课外思考拓展。

3. 重新思考学习内容与方式

在线教育的普及使得几乎所有的知识点随时可以加入，于是学习就是一个终身不断持续的过程，那么就需要加强对学生身体健康的关注；提升学生的情绪调节能力，锻炼学生的心理承受能力；增加直接、示范的理论教学，而不是概念教学。

4. 提升教师的信息技术应用能力

在教学实践中，必须提高教师的信息技术应用能力。然而，网络教育中的混乱状况也在某种程度上揭示了教师的信息技术能力和素质尚未达到现行网络教学的基本标准。现实需求下，很多教师意识到信息技术应用能力已经是教师从事教学活动的必备核心能力。因此，教师不但需要掌握在线教育的规律，尽快适应新技术的发展，而且需要利用新技术开展教学创新。

第四节　在线教育对我国地方高校、民办高校的意义

一、我国地方高校、民办高校在线教育的不足

（一）学校重视程度不够，资金投入不足

在线教育作为信息科技与教导领域的深层结合产物，其得到普遍认同、接纳及推广需要时间。我国幅员辽阔，各地区的经济发展和社会进步存在差异，而地方高校、民办高校对此的态度也并不一致，有些将其视为重要专门任务加以关注，有些则表现出犹疑观望的心态。特别是部分地方高校、民办高校资金不足，对于教育的重视度不高，且对在线教育的投资有限，大大限制了在线教育的进展。

（二）教师观念更新较慢，改革意识不强

由于地域限制、经济发展及文化的约束、资源不足等问题，部分地方高校、民办高校的信息更新往往落后于时代步伐，使得教师很难跟上新的教学理念变革，更倾向于保持传统的教育方式，即通过填鸭式或独白式的授课方法来传授知识。尽管一些教师会使用先进的技术手段支持课堂学习，但是他们并不热衷于采用网络教育的方式，也没有充分理解其价值所在及其必要性。另外，信息技术素质不高、增加额外工作量也是影响教师开发在线教育和线上课程积极性的重要原因。

（三）管理制度不够健全，管理水平不高

在线教育的构建及网络授课平台的建立，代表着教学内容与先进的信息科技技术的深入结合，能够实现大批量学生同步在线学习，有效减少教育费用。部分地区的地方高校、民办高校已经意识到打造优质在线教育和

网络课堂的重要性，然而各个地区大学的进步水平并不相同，对于高质量的在线公开课，没有迅速设立合理的课程设计、资金投入、教师任务评估和认证、课程评定等相关规定，对于激发教师参与在线教育和网络授课的热情和成效产生了较大的阻碍作用。此外，不同学校的互动和协作相对较少，影响在线教育和网络课程的发展深度。

二、在线教育让地方高校、民办高校获得更加公平的发展机会

优质的教育资源和教师团队能有效提升教育成果，同时也能增强大学的影响力。这一点无论是对世界一流高校、国内重点高校还是地方高校、民办高校，其重要性都是一致的。同时，教学资源和师资力量也是地方高校、民办高校发展的重要基石。

从教育公平的角度出发，在线教育是"互联网+教育"的优秀典范，碎片化、系统化的学习方式和开放性让优质的教育资源惠及更广泛的人群。因此，在线教育能够帮助地方高校、民办高校获得更好的发展机遇，是解决教育公平问题的新手段。

（一）在线教育推动主体帮助地方高校、民办高校实现教育公平的表现

1. 政府

政府推动在线教育发展，主要通过两种方式：一是国家教育部下直属单位；二是提供有力的政策与财政支援。政府在引导在线教育时重视其开放性和共享特性，旨在更有效地传播高品质的教育资源。从另一个角度看，政府也构建了一个有利于在线教育产业发展的良好趋势，并为其市场的参与度及影响力提供了良好的氛围和条件。对地方高校、民办高校而言，无论是优质教学资源的获取还是较好的市场前景，都对其自身发展大有裨益。

2. 企业

企业对在线教育的推动是通过将在线教育商品化完成的。商品化可以多种方式呈现，如向用户收取课程费用、证书费、相关材料费或者广告收入等。虽然方法各异，但是它们的最终目的都是企业的收益。所以从企业的角度来看，推广网络教学的主要动机是获取利益，而不是纯粹的教育慈

善活动。对地方高校、民办高校而言，企业为追求盈利而带来更多样的创意和市场需求，也带来更多与地方高校、民办高校合作的机会，自然也会帮助地方高校、民办高校获得更多的教育资源、生源和项目资金，无疑让地方高校、民办高校的发展更加步入良性循环。

3. 高校

高校是在线教育内容的主要来源地，尤其是世界一流高校、国内重点高校，可以说拥有最好的优质教学资源、师资力量、项目课题和资金支持，始终站在教育发展的最前沿。世界一流高校、国内重点高校实践在线教育，可以极大地丰富线上课堂的各种课程内容，优秀的师资力量也能让地方高校、民办高校的教师和学生体验到一流的教学效果，无论是提升自身素质还是扩大知识面、拓宽视野，都能让师生受益匪浅。地方高校、民办高校的管理层也能从中汲取先进的管理经验，获得发展自身的机会。

（二）在线教育的内容开放分享帮助地方高校、民办高校实现教育公平的表现

1. 在线教育内容的无限分享

在线教育具备无阻碍地获取与利用教育资料的能力，其传输费用较低且效果显著。这种特性使得任何人都可以访问并学习这些资源，被视为一种共享产品。随着科技进步与网络设备的大众化，信息传递的成本大幅度下降，同时也扩大了有效的接收者群体。

2. 在线教育内容的有限分享

在线教育内容的有限分享即有限的针对对象和有限的内容提供。随着科技进步，互联网可以把知识转化为数字形式并加以传播，但教育的领域远不止于此，还有许多无法通过现有技术来展示或替代的部分，如潜在的知识和情绪的教育。除此之外，网络教育不仅包含线上授课，而且涉及到线下辅导和交流，因此，不同的受众所能接触到的教育条件各异，这可能是因为地方高校、民办高校和重点高校之间存在着诸如校园环境、教学气氛、教风学风等方面的不一致，从而影响了他们的学习成果。

通过上面的分析，可以看出，地方高校、民办高校可以直接获取的优质教育内容具有一定的局限性，有些可以很好地切合自身的发展需要，有些则并不适合，有些更是无法获取。在校教育提供了丰富的教学内容，但很多时候这些资源并非都具有普适性，或者不能有针对性地满足地方高校、民办高校的发展需求。因此，在线教育既为地方高校、民办高校提供了优质的教育内容资源和渠道，也留下了足够的发展空间。

三、在线教育为地方高校、民办高校带来全新的发展机遇

（一）资源共享，促进高校均衡发展

我国地域辽阔，各地经济发展不够均衡，各高校的教育设施、发展、教育资源也存在差异。在线教育和在线公开课程的发展能够有效地缓解这种不平衡的情况。但也应该注意到，由于教师素质、资金投入、政府的支持等原因，在线教育和在线公开课程并没有完全发挥出它们在优化资源分布、提高优质资源利用率方面的潜力。全面推广的大规模在线教育使得学生有机会接触到名校名师的优质教学资源，有助于真正实现优质课程资源的共享，从而推动全国范围内的高等教育水平达到更加均衡的状态。

（二）提高教育教学质量

在线教育与在线公开课程尤其是在构建初期所需的时间和精力较多，包括编写课件、录制课程、视频剪辑、电子邮件通知、发布信息及回复问题等。这种教学改革活动耗费时间且任务繁重，许多教师都觉得这增加了他们的负担，因此对网上教学改革的态度并不热情，主动性也相对低下。此外，一些地方高校、民办高校的教师虽然听说过在线教育和在线公开课程，但是并未真正地加入其中。然而，在线教育与在线公开课程的发展势头强劲，能推动各地高校进行教学改革，从而提高教学水平。

（三）转变观念，建设高质量课程

推动高校间的优秀课程资源健康平衡发展和提升教学质量的必要手段，是主动调整思维，并实施在线教育与在线公开课程。各校应深刻理解构建在线教育与在线公开课程对于增强其总体教育影响力的重要性，将其视为关键任务予以重视，增加资金投入，激励教师参与在线教育与在线公

开课程的教育活动，并在政策上为课程开发小组提供支持，完善相关课程创建、工作量计算、教学成果评估及质控保证等相关规定，配置专门的管理和服务人员，确保高质量的课程得以实现。

（四）提升信息化素养，提升教师教学能力

尽管传统的教育方式无法彻底改变，但是结合线上的学习方法并将其融入实际课堂环境中的混合式教学已成为当前的主流趋势。对于地方高校、民办高校来说，需要提供相关的培训研讨会，使教职工更好地了解在线教育的价值及关键点，并且熟练运用最新的信息科技工具。为了实现这一目标，高校应该选拔具有丰富实践经验和高教学水准的教师，组成专门负责在线教育和在线公开课程构建的工作小组，同时还要对全体教师实施有关现代化信息的技能培训，并将此项任务列入新入教师的前期培训计划和职称评估标准之中，从而全方位提高他们的信息素质。仅仅具备现代化的信息教育技巧是不够的，学校还可以通过举办由国家顶级优质课程主讲人参加的专题演讲等方式，进一步推动教师教学能力的发展。

（五）因地制宜，建立高校课程联盟

鉴于各类高校在教学经验、财务支出、人力配置、专长领域和公众认可程度方面有显著差距，地方高校、民办高校的财政状况并不理想，用于投资在线教育的资金相对较少。为了适应这些情况并充分利用其自身的特点和优势，地方高校、民办高校应根据当地环境制订合适的策略，如与附近的其他学院建立网络课程联合体、共享课程平台或者合作创建特定课程，从而降低研发费用，充分发挥各个机构的长处，改善课程品质，拓宽覆盖范围。通过这样的方式，地方高校、民办高校可以最小化开支的同时实现资源互换和分享，有助于增强高校的影响力，提升知名度。对于提升学校的课程吸引力来说，应该优先选择那些具备本地特色或是带有地区特征的课程，这样才能在顶级课程评比中脱颖而出。

第二章　我国高校在线教育应用研究

第一节　在线教育的构成要素、教学理念与原则

一、在线教育的要素

教师、学生、教学内容和媒体四者被看作是整个教学系统的主要构成要素，这是传统教学模式的核心元素。然而，随着科技的发展，尤其是信息的传播速度加快，媒体在这个过程中起到关键作用。因此，当媒体因素加入后，教学内容的传输方法与表现形态也随之发生重大变革，导致教学模式的根本性转变。在在线教育的背景下，媒体成为其中不可或缺的部分。这四种主要成分（教师、学生、教学内容和媒体）之间共同构建了一个完整的网络学习平台。在此特定的学习场景里，这些元素彼此互动并产生特定的教学成果，它们的关联如下所述：

（一）现代教学媒体

现代教学媒体的产生源于对科技进步的应用和整合，它们广泛地用于教育的各个领域中，包括音频录制、影像展示、幻灯播放、电视播映、视频记录、电脑使用等。此外，各种教育设备也能够以多种方式结合在一起形成更高级的教育环境，如微型课堂模拟培训体系、视觉与声音阅读空间、封闭式电视传输系统、语音实验场所、学校计算机网络平台、计算机网络学习中心、多元化信息融合的学习区域等。

（二）教师

随着信息技术的进步和现代教育媒体在教学中的运用，教师所扮演的角色也发生了重大转变。同时，他们也面临新的挑战，需要教师在在线教

育环境下具备适当的教学能力。

1．掌握现代教学理念

在线教育中的教师应当清楚理解现代教学观念，熟悉在线教育的基本原理和技巧，以便能够更有效地改进教学并提高教学效果。

2．具备在线教育能力

教师需要具备在线教育能力，这是一种基于现代教学观念，借助先进的信息科技与丰富教导资料，并采用各种线上教学策略来实施教学任务、处理教学难题、提升教学效果的能力。这是教师在在线教育过程中不可或缺的关键技能，也是他们如何恰当地使用信息科技推进教育的技巧。而在线教育能力的核心要素是优秀的信息化素质和有效的在线课程规划能力。

（1）信息素养

作为一名教师，其信息素质的关键因素包含：对于信息的敏感度、掌握的相关资讯、运用技术的技能、网络伦理观念。首先，需要有清晰的信息感知力，以便准确把握"信息""教育信息化""信息社会"等相关词汇的含义与实质，从而更有效地推动在线教育的实施；其次，必须拥有一定程度的信息学识，熟悉有关信息科技、在线学习相关的内容、技巧及原理；再次，应具备适当的技术应用能力，即能使用信息工具执行教学任务；最后，应保持优秀的网络伦理标准并有一定的网络安全认识。

（2）在线教育设计能力

教师应当明确在线教育设计的内涵，知道在线教育设计的特点，理解在线教育设计的原则，掌握在线教育设计的方法。

（3）集多种角色、多重身份于一体

在在线教育中，教师担任教学内容设计、学习活动组织和参与、学生学习指导等多种角色。除了充当学生的导师之外，教师还能在学习生活中扮演朋友、同伴等多重身份。

（三）学生

在教育过程中，信息技术的运用为学生的学习带来了诸多便利，同时也对他们提出更高的期望。

1. 学习方式多样化

信息技术的普及让学生的求知过程与方法产生了变革，他们不仅可以在教室中跟随教师的引导，而且可以借助当代的教育工具获取更丰富的知识资料。借助于现代化教具及技术手段的支持，他们的学习方式转向了协作式、自我驱动型或研究型的数字化学习途径。

2. 较高的信息素养

在网络教育环境中，学生需要具备高度的信息技能，能够从海量的信息资源中寻找所需的信息，并对这些信息进行处理、整合和储存；能够运用常见的软件进行学习，并与他人沟通交流；掌握有效的自我反思、评估及监控学习过程的技巧。

3. 集多种能力于一身

在信息时代，学生要具有自主学习的能力主要包括以下几点：（1）对学习内容进行确定的能力；（2）获取相关资料和信息的能力；（3）对相关资料和信息进行利用和评价的能力。此外，学生需要掌握与他人合作的技巧，同时也应具备创新思维和创造力。

（四）教学内容

现代教学具有全新的特征，这是现代信息技术的涌现及现代教育媒体在教学中的广泛应用所带来的。这种变化主要表现在以下几个方面：

1. 表现形态多媒体化

可以运用文字、图表、图片、音频、动画、影片、模拟三维景象等形态来展示教育内容，生动地描绘抽象的知识，以帮助学生更好地掌握知识，进而提高教学效率。

2. 信息处理数字化

将教学内容信息，如文字、声音、图像、动画、视频等从模拟转换为数字，其稳定性和存储处理的便利性都得到提升。

3. 传输网络化

教学内容的信息化可以通过网络进行远程传播，使得学生能够在任何一台具备上网功能的电脑上获取他们所需要的信息。

4. 超媒体线性组织

利用网络多媒体技术的线上课程，包含文字、声音、影片、图片和影像等多种形式的信息展示，同时以一种交互式的模式来安排与处理这些数据——即通过使用基于互联网的多层次系统（也被称为"超级链接"）的方式实现这种效果。这不仅符合人类大脑的学习习惯及理解能力，而且有助于更好地整理学习资料，从而提高学习的效率性和连贯度。

5. 综合化

在数字化时代，知识已经变得极其多元且融合，因此需要的是掌握各领域信息的"全才"。在这个环境下，学生的学识不再仅限于单一领域的课程，特别是在互联网普及后，他们的学习和生活面临众多新的问题，而解决这些问题并非只依赖某个特定科目或者几个科目的知识，他们必须能有效利用各种学科的知识来应对挑战。这种需求正符合了数字化时代对人才须拥有广泛知识的要求。在线教育四个主要因素之间的关系相当复杂，它们通过不同的组合可以形成多种教学模式。

二、在线教育的现代教育理念

现代教育理念是随着教育理论的发展而不断发展的。现代在线教育的基本理念是"以人为本"，主要体现在以下几个方面：

（一）侧重学生的主体地位

随着教育理论的不断发展，学生的地位越来越重要。在当前的教育环境中，学生是个性鲜明、具体且持续进步的理解主体，是独立的群体和个体，拥有强烈的自我驱动力。在教学活动中，教师应该充分利用学生的主导角色，不断推动学生的自主性、积极性和创新性的成长。

（二）侧重学生自主建构知识

近些年来，教育理论受到建构主义学习理论的影响，强调学生通过自己主动进行建构学习知识，当然，这是在教师和学生的帮助下，通过学习资料的协助来不断实现的。

（三）侧重自主、探究、合作式地学习

在新课程改革中，明确要求摒弃以往过分重视记忆力、被动学习及机械式练习的情况，转而支持学生乐于探究、主动参与、勤于动手，同时注重提升他们在获取与整理信息、学习新的知识、解析与解决问题，以及团队协作与沟通等技能上的发展。这意味着教师必须调整教学方法，利用在线教育的途径培育学生的研究型学习能力、独立学习的动力、协同学习的技巧。与此同时，应从多个角度着手强化学生的合作学习精神和主动探究的态度，让他们明白只有主动学习才能满足数字化时代的挑战。

（四）侧重教学活动的启发性

现代教育理念强调需要深入理解教育的多元化与关键作用。教师应为学生安排一系列包含多维度元素的项目，让他们通过不同的方式学习并积极投入其中，从而让他们的自主学习能力和热情能在这些项目里得到最大化地发挥；同时也要注重激发学生的创造力、独立思考能力和自我发展潜力，以便更有效地推动他们各方面能力的提升及个人特质的发展完善。

（五）侧重学生的主观能动性

为了唤醒学生的探索热情与求知欲望，教师需要重视个性化需求，并充分发挥其独特才能。这样一来，学生会更愿意投入到学习中，从而实现潜力的最大释放。借助多媒体工具，教师可以通过提升学生学习乐趣的方式调动他们的积极性，并且利用各种创新的教导方法鼓励他们独立思考、自我发现。

（六）侧重师生交流的互动性

多元化沟通方式能拉近教师与学生之间的距离，激发学生的求知欲望，让他们分享日常生活的经历，从而优化他们的知识体系，推动他们在社交方面的成长，提升其社会素养。同时，这种互动也让教师以更平等的姿态与学生相处，这有助于双方互相借鉴、共同进步。

三、在线教育的原则

（一）资源整合性原则

在线教育是一种将信息科技、资讯资料、人力资源、课程内容等多个

元素融合进一个体系里，有组织地使这些元素相互协作来达成教育目标的教育模式。所以，资源整合化原则是线上学习的核心指导方针。在实施在线教育的过程中，应充分利用信息化手段融入不同的学科领域，让教学系统内的所有因素与多种教学素材无缝衔接，并巧妙地运用不同理念、策略和教学媒介，确保在整个教学流程中平衡各项元素的关系，充分发挥系统的协同效应，从而提升教学效果。

（二）主动参与性原则

为了满足在线教育的需求，需要将学生传统被动的获取信息方式转向更为自主和协作式的学法，这赋予了在线教育更具互动的特点。主动参与性原则让学生能在教师的引导之下热情地投入课堂活动，激活他们的自我认知力，以便充分发挥其自身的作用；挖掘他们潜在的能力，提升他们在学业方面的表现水平，同时强化对课程的责任感和团队的精神建设，显著改善授课效果且更好地达成目标。所以，实施在线教育时应充分利用多种媒介工具、丰富多彩的教育素材，刺激出更多活力，以各类形式鼓励学生自愿加入教学过程之中。

（三）直观形象原则

虽然主要依赖于学习的间接经验是学生的主要学习方式，但是学生更倾向于使用直观形象化思考模式。为了让在线教育适应这些学生的个性特点，教师需要采取一些策略激发他们的学习热情和积极参与度。因此，在线教育的实施过程中，必须坚持直观形象这一基本原则。直观形象原则是指在线教育环境下创造适当的环境，利用大量的多媒体资料，并且由教师引导或用生动的方式解释知识点，鼓励学生积极观察与探索，让他们能够清楚地了解所学的对象及过程，进而增加感性的认识，自主建构知识含义，准确把握所学内容并提升认知水平。这种综合了众多媒体资源、教学设施和辅助系统的网络教育环境有助于实现直观形象原则的实践应用。

（四）启发创造原则

启发创造原则在于鼓励教师运用多种方法推动学生参与，并保持高度热情及自主意识；激发出其创意思维，力求让学生能在理解吸收知识点的过程中充分发挥自身的创意能力和个性特征。启发创造原则是对现行教导观念下的学识传递与人之成长相辅互助关系的反应表现。在线教育不仅强调教授给学生理论概念或技术操作，而且引导他们在自我探索中学会对这些内容赋予深层含意，并且能引发出自身情绪感受、观点立场等方面的变化。这种互动式过程中的师生关系是一种互相依存又彼此推进的关系模式。因此，教师应把学生视作独立而活跃的教育对象，精心策划各种形式的活动，让他们深入探究，进而产生疑问，并对答案做出推理判断。此外，这也是一种基于网络环境需求的表现，即生活在一个日益数字化且不断进步的时代里，教育的目标不仅仅是提供基础知识或者训练基本技艺，更是培育具有高水平信息获取处理应用的能力（批判性的思想），敢于挑战传统、勇于尝试新鲜事物的精神状态，还有富有想象力和执行力的个体。这正是当前各国课堂改良的核心焦点所在。

（五）教师主导性与学生主体性相结合的原则

根据构建主义学习理念，学生需要独立地形成理解和认知，而教师则应充当他们实现这一目标的支持者。该观点主张学生的重要性并重视他们的参与度。在线教育过程中的学生主观能动性主要体现在自我管理能力、积极探索精神及创新思维上。结合师生双方的主导权是在线教育的核心原则，意味着教师不仅需要全面展现其指导角色，而且要激发学生的热情和进取心，妥善平衡教授与学习的互动关系，使两者都能发挥出最大的潜力。

这一准则应当被广泛应用于线上学习环境中，尤其是在突出学生作为学习主要参与者的角色，并强调他们在课堂上的重要影响。这主要是因为学生的学习过程是一个自主的过程。换句话说，为了把教师提供的所有知识信息转化成他们自身的东西，学生需要通过积极而有意识的方式来接收、理解、吸收和使用这些信息。教师的指导性和学生的主导性是互相配合、互相推动、彼此依赖的两个部分。只有两者能够紧密协作、共同行动，才有可能有效地培养学生的个性和提升教学效果。

（六）教学最优化原则

遵循教学最优化原则，意味着依据现行的教育观念，需要在线上教育的全过程里对所有构成教学系统的元素进行全面设计与整合，以实现最佳的教育体验并产生最好的教学成果。在网络授课的过程中，教师应该创造出各种形式丰富的教学任务，让所有组成部分都能充分发挥其最大价值，从而不仅实现教学目标，而且提升教学效果。

第二节　我国在线教育的教学模式与应用概况

一、我国高校在线教育的主要教学模式

（一）在线教学平台模式

该种教学模式主要依赖线上授课的方式实施教导工作，教师会借助网络上的优秀教材内容（基础科目影片、精选教程影音剪辑等）上传到相关网站并分享给大众以供参考借鉴之用。此模式的主要优势是其花费低廉、操作简便快捷，并且能够轻松地提供或获得高质量的教育素材。此外，高校教师可以在此基础上结合学校的专有存储系统，使课堂形式更加符合及响应需要，因此更容易受到学生的广泛欢迎。

（二）在线教学平台和智慧教学工具模式

随着当代信息化科技的进步，相关在线教育资讯科技已能在各个平台上得到广泛应用，各大型网站也陆续向教师和学生推出了混合式的教导方式，并将线上授课平台与智能教育设备结合起来，以实现在线教育的实施，同时借助学生的交流区域或者解答社群来优化教学流程。这种模式的主要优势在于，通过使用智能化教育设备，可以增强教师的研究项目交互，成功地将线下教学环节转化为网络形式，并且也能提升教师对于学生学习进程的监控及实时反应。

（三）在线教学平台和即时通信工具模式

随着即时通信设备大量应用于在线教育中，这种模式逐渐成为一种趋势。结合了线上教学系统和即时通信软件的混合式教学策略，既能使学生利用提供的慕课资源独立学习，又能让教师通过创建学习与讨论群的方式，解答疑问、整理教学资料、解释习题、提供远程授课等，并以此来加

强与学生的互动联系。这有助于解决线上课堂互动能力有限的问题，不仅激发了学生的学习主动性，而且能够增强教师与学生之间的深度对话，进而实现教学设计的整合性和教学组织的统一性。

（四）在线直播课堂模式

在线直播课堂是一种高效率且便利的教学模式，依赖于教师使用在线视像或者音频技术，实现与学生的即时交流。相较于传统的在线学习系统，这个模式更能保证教学的同步性和强有力的师生互动效果，并且能在某种程度上有助于提升在线学习的质量。然而，该模式对于网络环境的要求较为严格，同时也给教师带来一定的教学压力。此种在线教育模式可视为在线学习系统的有效补充手段，一些教师会先引导学生自主学习相关内容，然后以直播的形式重点解析这些知识的关键点。

二、我国高校在线教育的应用概况

（一）我国高校应用在线教育的优势表现

1. 教学资源共享化

在线教育模式部分地克服了地理界限，并展示出显著的高品质课程资源共用优点。基于此，我国高校优质教学资源能够向全国各地的学生提供远程分享，使得学生可以依据个人学习的需求来挑选合适的教材，从而提高了各地方、各类别、各种需求学生的学识水平与成效。所以，在线教育模式具有教学资源共享化的特点，对于提高课堂效率、优化师资配置、扩大学生自我选取方法有一定的推动作用。同时，在线教育模式也减少了对上课时间的要求。借助互联网教学平台，教师能在开课之前就把课件发给学生供他们提前自学，并且学生也能利用空余时间回顾教师的讲座内容，有助于把重点知识解读、主题讨论等教学活动跨越时空进行共享。

2. 教学形式多样化

在线教育模式为教导手段提供了更丰富的选择。比如，传统课堂上的黑板书写或投影展示可以通过互联网教学平台来完成，而多媒体元素，如电子教材、视听资料等也能够被利用到网络教学中去，方便了师生间的互动与对话。此外，技术的进步及设备设施的发展使得在线教育模式能逐步衍生出更多的教学策略，如互动式课程设计、智能化的信息查询系统等，预示着在线教育的巨大潜力及其广泛的使用可能性。

3. 教学流程数字化

教学流程数字化是指教育的传统线下授课模式向基于互联网的教育模式转移。在线课程中，知识通过数字化的途径传输，并在互联网上储存、监控及重复利用。教师可通过该系统获取学生的预习资料与考试答案的情况；而学生也可在此平台上反映他们的学习状况。随着资讯科技的进步，大数据和人工智能也开始应用于解析搜集的数据，对教学成果的反应分析更为深远，并对师生评判更具多样性。这对提高教学品质、探索适合的教学策略有一定的促进作用。

（二）我国高校应用在线教育的主要问题

1. 学生在线学习能力有待加强

部分大学生在接受在线教育课程时具有懒惰心理，由于线上课程组织形式的特殊性，使得教师无法有效地监督他们的学习进度，因此，他们在学习过程中的主动性和热情对于他们最终的学习结果有着重要影响。

2. 在线教育实施障碍较多

在线教育的发展依赖于优质的基础设施构建，如果基础设施不足，就可能会出现网络堵塞、视讯滞缓等现象。由于网络连接不良，可能造成学生及教师在教学过程中的沟通受阻。为避免影响学习进程，教师很可能会减少课上的互动次数，从而使其效果大打折扣。

3. 在线教育指导培训不足

现阶段，高校并未对在线教育提供足够的引导和训练，在一定程度上削弱了学生对在线教育的满意度。相关代课教师在使用在线教育平台方面的技能不足，极大地影响了学生的课堂体验。

4. 在线课程质量有待提升

许多同学觉得在线教育是在教育领域的重大变革，实施在线教育是非常有价值的。所以，高校应该注重网络授课的品质，包括合理的规划和提高教师的责任心等方面。

（三）提升高校在线教育课堂效果的建议

1. 现代信息技术与教学深度融合，丰富教育的信息化内涵

"互联网+"或"智能+"的新颖教育方式，使当代信息科技成为教育变革的关键推动力。在这个教学与先进信息科技紧密结合的环境中，教育的焦点应由单一地传授知识转向创造性的知识发展，教育方式也应该从传统的教师主导的一对一传递转为更注重师生间的互动交流，并且学习的核心不再仅仅是教师，而是学生。同时，学校也需要探索并实施一种主要关注个体差异的教育人才培育策略。

2. 以现代信息技术为基础，构建新型教学模式

各大平台免费开放在线课程，为教师及学生提供无偿的教育资源，以满足他们最基础的需求。此外，这些机构也为广大学生提供了多样化的在线学习体验。随着这一创新型授课方式在学校教育的应用越来越广泛，它有可能发展成未来的主流教学方法，并与传统教室内的面对面授课相融合，构成混合式的教学策略，实现线上线下的整合与协同。此种新型教学模式不仅对教师提出一系列新挑战，而且需要学生具备更强的自学能力和自我管理的技巧，以便提升他们的学习成果。

3. 创新教育教学管理，建立健全与新型教学模式相适应的教育教学管理机制

随着新型教学模式的使用普及，教授内容与形态也随之转变了，因此，对应的教育管理工作理念及策略需要相应地更新或优化并构建出适合新的授课风格的管理系统。首先，学校行政机构应积极参与到线下的课程计划中去，合理制订方案；教育的信息化战略应当由省一级政府统一协调部署。其次，创建一套能够满足新兴上课技能需求的教师工作负荷评估制度，而非仅仅将讲堂上的课时数作为衡量的唯一指标。再次，对教师提供有关网上授业的技术支持训练，提升他们的数字化能力水平。最后，以多种评价手段，如利用大资料分析出的网络学习数据路径来评估学生的表现，推动他们学业成绩的发展进步。

4. 促进优质资源共享，为构建学习型社会提供保障

为了满足全国高校师生的教学需求，确保高校的教学进展和教育质

量，国内各大平台免费提供在线课程资源给全国师生使用。高校教师可以利用平台课程直接引入优质的公开课到教学过程中，也可以根据自身需求对平台公开课进行修改和补充，这有助于高校之间共享优质教学资源。此外，应该重视平台资源的开发、优化和推广工作，加强技术支持，提高资源的质量，扩大资源的覆盖范围，有效促进资源共享，为构建学习型社会提供保障。

第三节　在线教育中的教学过程分析

通过上文的论述，可以看到在线教育如今在我国高校中发挥着重要作用。下面笔者就在线教育中的教学过程，结合自身所在学校的教学经历，以及多次参与有关在校教育的课题研究和调研总结，提出几个比较突出的问题展开论述。

一、慕课对教学模式和教学管理的影响

（一）教学模式趋向多元化

与传统教育相比，慕课更具有开放性，推动了如翻转式课堂、小规模限制性在线课程和混合式教学模式等新型教育模式的进步。

1. 翻转课堂

初次接触新的知识点是在课后，然后通过课堂上的讨论来解决疑问并攻克难点，这有助于深化理解，实现师生角色的互换。这个过程受到场所的严格约束，场所可以是家庭或者学校，并且它的实施方式也有别于传统的授课模式，因此将这样的教学模式称为"翻转课堂"。

慕课和翻转教学模式具有相似之处，即教师利用互联网工具制作预先的视频内容供学生观看，以使他们对课程有初步的了解并熟悉基本概念。同时，针对关键知识点，教师会组织课堂上的互动探讨，推动研究型的学习方式。

翻转课堂是一种对过去常规教育的补充方式，它完全重视学生的主体作用并提升他们在求学过程中自我驱动和创造力的体现；同时借助慕课的有力联系，实现教师与学生间的实时沟通互动，从而激发学生主动学习的热情。

2. 小规模限制性在线课程

小规模限制性在线课程是一种整合线下授课和在线教育的混合式教学模式。其核心理念是基于"以学生为中心"的原则，即"根据学生的个体情况因材施教，将传统教学模式中的教师课堂教授知识、学生课下练习变成学生课前利用在线资源完成知识点的自主学习，课堂上通过讨论、任务协作及面对面交流互动等方式完成知识的内化"①。相较于慕课，这种模式更精细，既能吸收大型公开课的长处，也能解决传统教室存在的缺陷。

小规模限制性在线课程不仅可以充分运用互联网资源并保持传统的教室授课优点，而且其受众范围较小，使得教育针对性强且具有层级化，有助于提高教学品质。这种结合慕课（大规模开放在线课程）和小班制教育的混合型学习模式，对慕课的教育内容、方法及观念进行革新，使之更加适应于各类学生的需求。

相较于大规模公用网络教育资源（慕课），小规模限制性在线课程是一种延续并突破了其框架的存在。它结合了慕课和传统的教室授课方式，使教师能回到线下教书，既能保持学生的主导角色，又能吸纳各种教学方法的长处，形成独特的教学风格。

3. 混合式教学模式

慕课、小规模限制性在线课程及实体课堂等元素被整合到一种新型的教育模式之中。慕课代表着大范围公开网络课程；而小规模限制性在线课程则是指微型的线上课程类型。通过对这三种教学模式的综合运用，实现线上教室与实际教室间的顺畅交流连接，增强两者间的互动效果，并将这些不同类型的教学模式进行具体的应用，以达到高效的组合，充分发挥它

---

① 孔祥宇. "后慕课时代"的SPOC教学模式［J］. 高教发展与评估，2020（05）：95-104+114+119-120.

们的优点，进而提升整体的教学效益，并在这样的交互过程中推动教师和学生的全方位成长。

高等教育中针对大数据时代创新人才培养的混合式教学模式研究具有独特而重要的意义。对不同的教学方式进行探索和研究，能够有效提升教师的教学能力并帮助学生提高学习效果。

（二）教学管理更具复杂性和创新性

1. 教学管理范式的转变

我国高校领域传统教学管理范式是"专业管理"，包括诸如人才培育目标、专业的师资力量及设施等方面。随着科技进步和社会变革的持续推进，高校需要依据社会发展的法则来调整其教学管理的策略。在线教育与慕课引领我国高校进入数字化的教育世界，给高校的生存环境和学生的个人成长带来巨大的压力。例如，如何处理教师的管理难题、学生的管理困境、高校的发展方式选择、网络教育平台的设计、高等教育的技术化改革等问题，都需要校领导思考并做出相应的决策。因此，他们有必要在此基础上优化传统的管理方法以满足新的需求，建立一种全新的管理模式。

2. 教学管理制度的完善

高校教学管理制度是对特定教育的理念和教学思维具体化的执行方式，拥有深厚的历史根基和丰富的参考资源。由于慕课的教育特性导致其对教学管理工作具有独特的需求，因此，需要确保教学工作的高效性、科学性和制度化。受制于诸多条件，如教师队伍和学历等方面的影响，高校教学和管理模式中的任何微小变动都会牵涉多个参与者的权益。因此，当在线教育被纳入校园时，高校需要持续优化自身的学习管理机制和教学策略，更好地适应学校的整体框架。所以，为了符合基本的教育教学原理，高校应构建一种针对慕课的独特教学管理架构，同时探索新的教学管理技巧和工具。

二、在线教育对教学安排的影响

（一）教学对象分析

学生的学习状况构成教学过程中的关键因素。对于大学生的研究不仅有助于明确教学目的和策略，而且能够为课程设计的优化提供依据。通常来说，学生的基本能力和学习方式都是需要关注的重点。

1. 教学对象初始能力分析

初始能力是学生学习活动之前对该领域已有知识的了解程度，涉及他们在开始学习前已经具备的相关领域的知识和技巧。这些基础知识可能有助于他们理解新的学习任务，也可能是他们的先决条件。教师要考虑学生已有的相关学科知识和技能，判断他们是否全面掌握或是只部分掌握了这些信息。此外，教师还要关注学生对于新学习的情绪反应，以确保没有偏颇或错误的认知。通过这种方式分析学生的基础能力，教师可以精确地设定合适的教育目标，而这是对学生基础能力分析中重要的一部分。

2. 教学对象学习风格分析

学习风格是学生做出反馈的心理特征，由学生在过去的学业经历中长时间累积下来的学习趋势与模式所构成。学风包含如习惯、紧张感、喜好、动力、毅力等因素。常用以研究学风的方法主要有问卷调查法、面谈法及观测法。学风能够决定教育媒介的选择、教学策略的设计，只有透彻地理解并分析学生的学风，教师才有可能更有效地实施个性化教学。

3. 教学对象一般特征分析

通常来说，学生的学习特性，如他们的年龄、性别、身体与心理的发展状态、理解力和自律程度、独立性和日常生活体验、职业生涯背景、学习动力、对未来的期待、对于知识的好奇心等，都是需要考虑的因素。教师必须充分掌握这些信息后，才能针对性地提供指导和支持，以确保他们在教育过程中能为学生做出合适的指引。

（二）教学内容分析

教学内容是整个教学过程的核心部分。在这个在线教育的场景里，它涵盖慕课提供的课程资料和常规的教科书素材，教师需要按照教学目的设定学习主题、深度和广度，学生则是通过这些教学目标掌握相关知识、技巧和实践经历。只有在深入理解教学内容的前提下，教师才能针对特定学科为学生制订相应的学习任务并设计适当的活动。相较于传统的教育方式，利用慕课开展的网络教育可以让学生更灵活地规划他们的学习进程，从而提高学习效率。

（三）教学环境分析

在线教育的教学环境分为线上环境和线下环境，线上环境是学习资源所依托的网络平台；线下环境是指面对面教学所需要的校园和教室。无论是哪种形式的学习场景，都构成知识传授的基础框架。对于在线教育而言，其涵盖的内容有中央系统提供的视频资料库，如测试题目的展示；论坛或博客群聊区以供学生交流互动，如社交媒体网站或者微型社区应用程序。此外，还有一些辅助性的设备，用于提高学习的便利性和效率，如有智能电话或是平板电脑等电子产品。这些都是在互联网支持下在线教育的重要组成部分。借助这种方式，大学生的自主选择权得到了充分体现并得以实施，他们可以选择任何时间、地点来完成某一特定学科的相关内容研究工作。

三、在线教育对学习活动设计的影响

好的学习活动设计可以获得良好的教学效果和优质的教学质量。高级别的学习任务具备创新性和吸引力，满足了学生个人偏好，并考虑到各个阶段学生的需求。高校线上课程的教学活动中包含多种形式，如授课、独立研究、团队合作、查找信息、互动对话、案例探讨、解答疑问、自我反省等。依据教学目的与内容的特性，各类学科应该采用相应的活动方式。

如今，高校在线教育通常采取混合式教学模式，不仅基于慕课平台，而且将线上教学与线下实体课堂结合起来，因而在线教育的学习活动设计不同于传统教学。其学习活动设计的流程如下：

（一）课程资源整合阶段

在此阶段，教师充当着主要角色，负责在学习过程启动前，全面梳理该学科的大致结构并选择最适宜线上或线下学习的部分。此外，他们还需要执行好课程推广的工作，以协助学生形成对于课程主题的基本理解，进而引发他们的求知欲，为接下来的正规课程做足心理与身体上的预备。在这种混合式的学程中，教师已非主角，而视频教程及参考资料可来自各大高校发布的慕课平台内容，主讲人则多为知名学者。教师的职责已经转变为课程的组织者，必须依据教科书要求按序整理网络与实体课堂的学习素材。

（二）在线学习阶段

在这个线上学习的环节中，主要的活动形式包括自我学习和团队合作。学生借助教师按照教育目的整理的视频教程，并结合相关的学习资源去构建新的知识体系。同时，这些视频里也会有专门的主讲人针对每个主题提供相应的工作任务或讨论议题，让学生能在慕课平台上的讨论区域进行沟通交互。此外，视频里的授课人和辅导员也可能加入到这个过程中，他们的职责就是解决学生的疑惑，给予学生准确的指导，从而激发学生的思考能力，更好地建立知识结构。在线上学习期间，参考文献作为视频课程的辅助素材，旨在确保学生更加深入地理解所学的知识点，通常这类参考文献包括PPT、网络读物、推荐书籍和网页链接等。

（三）协作探究阶段

协作探究阶段包括小组讨论和班级讨论。教师会收集在线课堂中学生未解答的疑难问题并汇总到集体里去，然后鼓励全班同学分成小组一起研究、查找相关的信息资源，并且发表自己的观点；接着每个小组都会分配任务共同完成这项工作并在整个大群体里面分享他们的成果与经验教训。这样的互动型探索活动能提升学生的团体协同作战能力和口头沟通技巧，也能增强他们对自己的信心程度。

（四）个性化指导阶段

在以教师为主导的教育环节中，主要关注的是学生个体的发展。教师会根据他们所观察到的各组学生讨论状况与成果来系统地解决出现的问题，并针对他们的个人困惑提供一对一的辅导，确保所有学生都能深入理解学过的知识。当进入合作研究阶段时，教师的角色从传统的教学者转变成课堂的管理员及问题的解惑人。这无疑提高了对教师技能的要求，仅仅依靠预先准备的教案已经无法满足学生的需求了，因为他们可能会提出各种各样的问题。对于学生而言，他们在学习的不同阶段中最需要的并不是新的知识点，而是能帮他们解决问题的人。

（五）巩固提升阶段

学习进程中，需要不断地深化和加强记忆力，包括在理解并吸收新信息的过程中对已知内容的复习与实践。这样做的目的是确保学生能够更深入地理解这些知识点，从而更好地将其应用到实际生活中去。而这个过程中的关键步骤就是巩固提高的阶段。

（六）总结评价阶段

教学活动的最后环节就是评估和反馈阶段，这是教师针对整体的学习过程做出的全面评判时期。他们需要基于学生在所有活动中所展现的行为做出公平、准确的判断，包括测试成绩、参与度、任务执行状况及成果呈现等多个方面。此外，适度的奖励和认可也是必要的，可以鼓励他们在后续的学习过程中更具探究精神，更加主动地投入到各项工作中，从而提高他们的能力和自我认识。

第四节　在线教育中的大学生视角分析

从在线教育中的学生角度出发，笔者结合自身的教学经历，以及多次参与有关在校教育的课题研究和调研总结，提出几个大学生在线教育中比较突出的问题并展开论述。

一、在线教育过程中教师关怀行为影响学生的学业诚信

（一）教师关怀行为与学业诚信的内涵

在日常用语中，关怀与关心并没有明显的界线。在规范化的中文语境中，关怀除了重视和爱护的意思外，还有照顾、帮助的意思，更具爱与责任等价值性。作为一名优秀的教师，必须具备道德上的修养。教师关怀行为让学生感受到无微不至的爱护，从而产生信任感，形成稳固的关系基础。对于那些正在接受指导的学生来说，如果能感觉到自己在教师的眼中有一定的地位，而且得到足够的认可，那么这无疑会成为他们在学习道路

上的一大助力。总而言之，教师要在呈现清晰易懂的课程资源基础上，以人为本，尊重学生个性化发展，学生的需求和发展是关怀行为的出发点和落脚点，对学生给予鼓励、理解与包容，并对学生的课堂需求进行积极回应，以达成学生的学习目标。

学业诚信缘起自学术诚信，重视对学生的诚信教育，要求学生的学习行为遵循与学术诚信相一致的价值观，如诚实、信任、公平、尊重和责任等。在我国，学业诚信指的是"学生的诚信品质在学业中的体现，即学生在求学、治学的过程中坚定诚信原则，认真求学、严谨治学，实事求是，如实地反映或表现自己的学业状态和学业水平"[①]。在高校教学中，大学生的学业诚信问题值得重视。在线教育让大学生在很多时候都脱离了现实中的教师、辅导员等人员的教育管理行为，因而学业诚信更需要重点关注。提高大学生的学业诚信，因素是多方面的，其中与大学生切身相关且有重要影响的因素就是在线学习投入。

在线学习投入分为行为投入、认知投入、情感投入和社会交互投入。其中，行为投入是最外向的表现形式，侧重学生的花费时间、对课程的学习专心程度及其成果和影响；认知投入涉及学生在学习过程中如何管理自己的元认知学习方法并加以调控，深入学习往往会激发学习活动；情感投入指的是学生在面对挑战并在实现学习目标的过程中产生出的自尊自信、自我价值观认同及归属感；社会交互投入强调教师、同学之间的交流、评价等方面，更加注重学习团队间的互动。

（二）在线教育过程中教师关怀行为对学业诚信的影响分析

在线教育过程中，教师关怀行为是一个多维度概念，包括清晰性、包容性、参与性和可及性四个维度。其中，清晰性指的是教师对课程计划和资料利用有着清楚的时间划分与预期准则，这样可以引导学生明确目标、制订学习策略并把握关键点；为确保他们深入理解知识并自我提高，学生有机会复习或独立延伸学习；包容性意味着教师能在教学活动中展现出对

---

① 于跃. 美国大学生学业诚信教育的借鉴与启示研究［D］. 长春：东北师范大学出版社，2016.

学生独特性的尊敬和适应他们的不同情况，鼓励他们在自信心方面有所进步，同时也需要根据学生的学习特性来设置各种形式的教育活动，以便理解他们的合理反应和需求，从而激发其积极参加学习的热情；参与性要求教师把学生放在中心位置，增强深层次思考活动的实施，推动师生共学、同伴互助式的学习方式，重视学生学习输入和输出之间的紧密联系和互相影响；可及性，即教师应站在服务的角度考虑问题，花时间研究学生的学习特质，一旦发现学生有问题需要解答，就能迅速做出回应。

　　教师在线关怀行为、学业诚信与在线学习投入间存在着深层联系。在线授课环境下，教师关爱的明确性、积极参与程度及其可达性对于学生的学习投入有明显的预示效果，而教师关爱的可达性则能有效提升学生的学业诚信表现。大学生感知到的教师在线关怀行为和在线学习各个方面的平均数值有所不同，其中教师在线关怀行为宽容度大于清晰性，其次是可及性，最后才是参与性；而在学习方式方面，他们更倾向于采取主动性的学习行为投入，然后是知识理解投入，再后是感情投入，最后的社交互动投入相对较少。

　　基于以上分析，笔者认为，高校应强化在线教育的教师关爱行动，构建关爱的网络教室。在线教育环境下，教师的职责不仅包括主导课堂并组织学习活动，而且包括作为学习的策划人及引导员。无论是否为远程授课，教师都应该把学生放在首位，依据课程的内容和目标，配合他们的现有理解去设定课程计划和分配任务，从而充分发挥其领导力，深入推进他们对于关爱的信仰。在选择课程资料的过程中，教师必须考虑到平台的时间效应，信息的透明度、明晰度和完备程度，使学生能从中体验到教师对课程的看重和对学生的关心。因为每个学生的学习方式和偏好可能各异，所以教师有必要制订一些可以激发学生网上学习热情的活动，激励他们在论坛上分享见解，同时尊重每个人的独特成长路径。另外，教师也要注意学生的学习水平，适当地设置课后练习题和测试，借助评估工具协助他们提高自我学习的能力和个人特色的发展。当教授线上课程的时候，教师不能立即了解学生接纳信息的状态，因此需要持续跟踪学生的学习进度，把握整体成绩的大致情况，减少实时互动的限制，增加学生在网上的亲身感受和学习积极性。

二、在线教育过程中大学生学习效果的影响因素分析

（一）影响大学生在线教育效果的主要因素

1. 大学生自身因素

影响大学生网络学习的因素有：课程兴趣、自我效能感、自制力、学习策略和信息素养。

（1）课程兴趣

理解大学生在线学习的投入受到兴趣的影响是很容易的。无论是在线还是实地教学，只要大学生对课程有更多的热情，他们就会更专注于上课，这样他们的学习投入也自然会更高。如果大学生对课程内容感兴趣，自然会积极投入到课程的学习当中。维持学习热情可以有效地推动网络学生的行为参与和认知投入，从而提高在线教育的学习成果。

（2）自我效能感

根据社会认知理论，自我效能代表着一个人对自己能否有效地执行特定行动的自信心。一个人的自信度越高，他对所采取行动的结果预期的强度就会更大，动力也会更强烈。"学生的自我效能感会影响其对学习活动的选择及对该活动的努力程度及坚持性"[①]。

（3）自制力

大学生的情感体验对于教育成果有着显著影响。在线上授课的环境中，由于缺少有效的学习监管和教师面对面的监控，一些自我管理能力较差的学生可能难以保持专注度并容易受外部环境干扰。自制力较强的大学生往往更有学习的自信心和积极性，能够更加投入在线教育的线上教学和线下课堂，积极完成作业，与教师、其他同学互动，从而获得更好的学习效果。

---

① 万昆，饶爱京，徐如梦.哪些因素影响了学生的在线学习投入？——兼论智能时代在线学习的发展［J］.教育学术月刊，2021（06）：97–104.

（4）学习策略

对大学生的教学而言，他们所处的学习氛围相对繁复。为了增强学习的成果，"需要学生加强自身学习动机、使用更加行之有效的学习策略"[①]。高效的学习方式可以增加他们在线上学习过程中的积极性和注意力，从而获得更多合适的和丰富的学习资料。

（5）信息素养

具备良好的信息素养是能够有效进行在线教学的前提。"学生自身对信息接收的敏感度、信息加工处理的高效性、技术应用的适应度都会影响学生的在线学习投入"[②]，拥有优秀信息素质的学生能给他们线上的学习投入带来强烈且积极的影响效果。

2. 教师因素

影响大学生在线学习投入的教师因素包括教师教学支持、教师信息素养、教师教学投入及师生互动。

（1）教师教学支持

教师支持的主要构成包括四个方面，分别是认知支持、情感支持、交互支持和工具支持。教师教学支持对大学生在线学习的效果有着积极影响，"学生感知到的教师支持越多，其在线学习投入越高"[③]。从学习投入的各个维度来说，教师教学支持均呈现显著的正向作用。积极的教师支持不仅可以助力学生更深入地掌握课程内容，而且可以提升他们对教师的认同度，塑造出公正、平等、和谐的教与学关系，这将有利于教与学之间的双向发展。

（2）教师信息素养

教师的信息素养高低直接关系到他们是否能够有效运用在线教育的工具。"在线教育期间，教师应该掌握信息技术融合教研互动的基本知识和技能。教师作为在线课堂的主导者，其在线教育投入也会影响本科生在线

---

① 杨港，戴朝晖. 大学生英语在线学习投入维度构成及影响路径分析［J］. 外语与外语教学，2021（04）：113-123+150-151.

② 胡小勇，徐欢云，陈泽璇. 学生信息素养、在线学习投入及学习绩效关系的实证研究［J］. 中国电化教育，2020（03）：77-84.

③ 万昆，饶爱京，徐如梦. 哪些因素影响了学生的在线学习投入？——兼论智能时代在线学习的发展［J］. 教育学术月刊，2021（06）：97-104.

学习投入"①。

（3）教师教学投入

教师严谨的教育方式、卓越的专业技能与大量的教育资源能有效地激发大学生的热情，并吸引他们的注意力，从而提升学习成果。然而，教师的对在线教育的看法也直接影响到学生的上课状态。如果教师对网络授课持怀疑态度，那么会使学生觉得这个方法没有价值，进一步降低他们的学习成效。

（4）师生互动

在在线教育中，师生互动是非常关键的一部分。教师与学生之间的相互作用在学生理解课程内容和激发学生积极性方面起着重要作用。在在线教育过程中，师生互动有助于激发大学生内在的学习意愿，并推动他们更积极地参与在线学习活动。与线下教学方式对比，在线教育模式下的教师与学生之间存在着一定的交流壁垒。在线教育模式下，所有的学习过程都是在屏幕上进行的，大学生与教师、同伴之间的空间被隔离开来，他们无法轻松快速地与周围的同学交流，也不能根据其反馈来调整自己的学习状态。

3. 环境因素

影响大学生在线学习投入的环境因素包括同伴支持、家庭支持、学校支持和社会支持。

（1）同伴支持

与同伴的交流互动是在线学习的重要环节，而同伴的鼓励对大学生的自我学习进步具有重要影响。通常情况下，大学生更倾向于与他们相似知识层次的同学交往，这种方式能有效增强他们在线教育的参与度。如果身边有比他学得更好的朋友，那他的行为投入程度就会明显增加。

（2）家庭支持

对于在家接受在线教育网上课堂的大学生来说，来自家庭的支持对其学习效果的提升有着正向的作用。家务活动对于家庭的生长和发展起着关

---

① 曾本友，张妙龄，刘汶汶，黄利华，周益发，王卉，韦怡彤，王继新，王萱，张红艳，刘懿，孙淑女，周仕德. 技术赋能教研及其实践研究［J］. 中国电化教育，2021（04）：109-124.

键性的角色，并且它也深深地影响了学生的日常教育和生活方式，这种影响对于学习的成果是极为明显的。

（3）学校支持

保证学生线上学习顺利进行的关键在于学校支持。在学校的要求下，各部门和教职工都应尽到自己的职责，以保持稳定的网络环境并传输大量的学习资料，维护线上的授课品质，这是他们能给教师与学生提供的最基本的支持。

（4）社会支持

线上学习是一个涉及多个部门和技术的庞大体系，众多科技公司正积极地同高校携手，利用其自身的技术实力助力高校在线课程发展。借助这些公司的专业技术支援，或者为学校提供增加课堂直播功能的教育工具以实现远程教导，又或者是帮助他们提升在线教育系统的服务器效率。此外，通信运营商也在确保全国各地的网络连线畅通无阻。以上种种社会支持为接受在线教育的大学生提供便利，保障其在线学习的外部环境条件，对于提高在线学习效果有着重要作用。

（二）提升大学生在线学习效果的建议

1. 大学生应加强网络信息素养，提升在线教育适应能力

（1）提升在线教育自我控制能力

在线教育的过程中，需要有意识并自觉主动地将网络通讯工具关闭，避免影响教育效果；同时也要与家庭成员沟通好，以便尽可能减少外部噪音对在线学习的干扰。排除这些外部的干涉，才能让学生更专注于课程的学习中，提升效率。另外，学生要有足够的自律能力，能自我控制对外部诱惑力的抵抗力，把精力放在网上授课上，以此增强学习效果。

（2）提高在线学习信息素养水平

首先，大学生必须深入理解优秀的信息技能在提升网络学习效率上的关键作用。他们应该在参与网络学习后，明确自身在信息技能方面的短板，并依此制订相应的策略以实现有针对性的进步。

其次，大学生可以在课后的时间里主动去各种资源网站学习一些能够提升信息素养的内容，如使用计算机工具和掌握在线学习平台上的学习策

略等。

最后，大学生需要自我驱动地参与到在线教育中去，并通过对各种在线教育系统和应用程序的熟悉，提高他们的信息技能。他们应该充分利用这些资源，以丰富自己在线学习的经历，并在不断地深入理解与反思的过程中逐步增强自己在网络授课环境中的信息能力。

（3）加强在线教育模式适应能力

在线教育模式下，大学生应当主动监控其在线学习的进展，并定期检查自己对在线教育的参与程度和理解深度，看是否有足够的热情应对在线课堂的要求。他们需要保持乐观的态度面对在线教育所面临的难题和挑战，提升自身的适应力，利用各种在线学习资料及互联网上提供的辅助工具更有效地融入到这种新的教育方式中，以此增强他们的学习投入度。

2. 教师应提升在线教育能力

（1）提高教师支持的在线教育帮助水平

教师应关注如何优化教导策略并使用各种手段解释知识要点，以便更有效率和深入浅出的方式传授给学生；他们也应该通过激励性的语言表达感情上的关心，增强学生的信心并且保持平易近人的态度去对待每一个学生，让学生感到被重视的同时也能正确看待课程的学习过程。在交互支持方面，教师需要强调课内的对话性和主动参加学习的意愿度，给予每个学生更多机会融入进来的可能性并在其中锻炼自己的胆量；关于资源辅助的部分，教师要努力向学生推荐书籍和其他相关材料，协助他们在面对问题时找到解决方案或者解决问题的方法。

（2）加强在线课程规划教学设计

在线教育设计上，应当多创建情境、多开展探索实践类的教学活动。教师应选择与现行学科相关的最前沿的研究结果和发展趋势作为在线课程的内容基础，以引发学生的兴趣和好奇心。同时，他们还需要设置能够提升学生独立学习能力和知识结构的挑战性课题，保证他们在网络学习的间隙能得到充分的休息。

在课程评价上，教师需要强调对进程和成果两者的重视并行实施。在这个网络授课的过程中，每个学生每堂课的表现、提问次数及团队协作等行为应被视为学业评定的一部分内容。与此同时，还需要充分运用在线教育的优点——通过数据分析系统追踪每个学生的具体表现，提供必要的辅导支持，以适应他们各自的需求。

（3）合理有效设计在线学习资源

对优质网络教育资料的策划与运用可以增强大学生线上学习的参与度，所以这些资料的创作者需要考虑到视觉效果及内容质量的优化处理。因而，在创建网络教学素材时，应重视审美因素，通过有条理的方式展示课程信息，使学生能直接看到所需的学习资料。同时，也要注意图像中的主要元素，以便强调重要点，引导学生专注于核心知识，达到高效设计的目的。此外，可以通过动画或图片等形式生动展现事物的变迁过程，协助学生建立个人认识框架，从而深化他们的理解程度，激发他们的好奇心，最终增加他们在线学习的热情。

3. 高校应构建稳定高效在线教育平台

高校应该加速推进在线教育的技术创新，利用自身专长并借助互联网公司的力量，共同打造出一款可靠且高效率的远程教育系统，优化实时课堂功能，满足学生与教师之间的在线教育和沟通需求。在构建这个系统的阶段中，必须始终秉持"以学生为中心"的教育原则，依据实际的在线教育环境和需求去设计和提升。学校应该根据学生在线上学习的状况设定相应的学程规划，以此增强该平台的个性化程度。此外，高校和公司还要定期升级此平台，保证它能够适应在线教育教学要求。

高校应该具备远见性的在线教育设施建设，这对于高校教育品质进步至关重要。笔者研究数据表明，许多大学生都觉得在线教育的平台需要涵盖课程规划、展示方法、教材内容、沟通交互和学习评估等多方面的功能，并且这个网络平台必须是稳固且易于使用的。建立高效率且可靠的在线教育环境能有效地增加学生在线上学习的积极参与度。

4. 家庭应营造良好在线学习环境

首先，具备完整的家庭基础设施对大学生在家里实现远程教育至关重要，家长需要确保这些设备能稳定运行；其次，家长应该积极地和孩子互动，建立起有益的学习和生活环境。因为大学生和家长住在一起，他们可以向家长表达他们在学习或生活中遇到的问题，家长的建议和鼓励会让他们更有信心；最后，家长也必须适当调整日常的生活方式和节奏，以便让大学生的线上学习顺利展开。当学生的学习地点从学校转移到家里时，为了配合学校的网上授课任务，家长有必要调整家里的生活步调来适应学生的在线课程需求，维护好学生在线学习的气氛和环境，激发学生对家的感恩之情，增强其自主学习动力，进而优化在线学习的成果。

三、成果认证对大学生投入在线学习的影响分析

在线学习需要大学生投入大量的时间和精力，那么完成在线教育之后获得哪些反馈和证明，则对大学生的学习动机、学习积极性等有着终结性的成果意义。这也就是在线教育学习成果认证的问题。

（一）课程证书认证

一旦学生成功结束了某个在线教育的培训项目，他们就能获得特制的纸质证书或电子证书。这些文凭包含着关于已完成项目的信息，如成绩单或是分级制度，有时也会包括教学大纲。有些文凭甚至有教授的手写签字和相关网站的标志。这是一种独特的在线教育特性，不仅展示了对个人表现的肯定，而且激发出学生的学习热情并提升其兴趣。

这个线上学习的资格证评估为参与在线教育的大学生带来了多层面的影响。首先，从学生的角度来看，他们通过在线教育系统获得的成绩单可以提高他们的学习积极性和主动性；其次，从教师的视角出发，有更具体的目标和大纲后，他们在发放成绩单时会感到更大的教学满足感；最后，从公司的立场看，这是一种能力的直接体现和学习结果的实际证据，用于识别个体的技能水平。

（二）自我认证

自我认证是学生自己评估并确认学习的结果的过程，主要分为两个方面：一是在线教育系统没有为学后产出做验证；二是学生的学习动机来自自身需求。一般来说，这种形式下的学习成果是由学生在学习过程中的任务与笔记构成，同时他们也会依据自身的期望来判断他们的学习收益。

（三）项目证书认证

项目证书又被称为微学位（也称作微型文凭），是一种具备教育和社交意义的认证方式，能激发学生的求知欲望、评估他们的终极成果及科研能力与技巧的高低，因此被视为一种小型学历证明。一般而言，微学位是在线教育平台中特定的专业领域或者一系列相关课程的具体分类，其主要由若干个互有关联的学科组合而成。微学位项目的目标在于使学生更深入全面地掌握某个特定的主题内容，当他们成功完成学业并且通过相应的考试之后，就可以向相应大学提出获取正规学位的要求并将所获学分转入该校。

学位相比于学分更加能体现出个体的实力，相较之下，项目认证往往具有更大的价值，这进一步表明受训者已经接受过教育的洗礼并具备学术素养，同时这也是一种重要的手段。项目认证也可以视为向外界展示个体能力和资格的一个公正的信息来源。

第五节　在线教育中的教师视角分析

从在线教育中的教师视角出发，笔者结合自身的教学经历，以及多次参与有关在校教育的课题研究和调研总结，提出几个高校教师在线教育中比较突出的问题并展开论述。

一、在线教育推动教师角色的转变

（一）教师传统角色的转变

在我国的传统教学情境之中，教师已习惯于"传道授业解惑者"这一特定角色，形成了一种固有的思维模式开展教育工作。在这个过程中，教师的领导地位无可动摇，他们被视为知识的主要来源和权威。在讲课时，他们会直面每一个活泼生动的个体——学生。

1. 从教师到"主播"

在线教育让教师对自身的角色定位发展变化，尤其是在互联网技术高速发展和新媒体广泛传播的今天，在线教育的教学方式需要教师面对全新的教学场景。由传统的实体教室转向线上远程授课，教师需要经历身份上的重大变革，即从教导者转为"主播"。这期间将会遇到许多新的问题，首先是现行的在线学习模式，特别是以慕课为主的新型教育手段，主要采用碎片化的短视频形式，而教师则需要对着摄像机讲授，与之前直接面向学生的情况截然不同；其次，他们难以激发自身的教学热情，因为他们的视线始终被固定在镜头上；最后，由于缺乏学生的参与及课堂气氛，教师的表达能力或许会有所下降，这是对他们的一种巨大考验。

2. 传统权威的削弱

第一个变化在于，教师的角色转变。他们在传统的教育环境中被视为知识的传授者与输送者，主要职责是充当信息的承载体并拥有无可动摇的权威地位。然而，随着新科技的发展，特别是互联网及高科技工具的使用，使得学习的方式变得更加多元化，不仅拓宽了学生的信息来源渠道，而且在一定程度上降低了教师的权威和影响力。教师的主要任务不再仅仅局限于传递知识，而是要在学生学完之后解答他们的问题。

第二个变化在于，教师的身份转变。他们曾经是知识传播者和学生的引导者，也是塑造学生价值观的重要榜样。然而，在当前信息时代背景之下，他们的这一重要职责逐渐被削弱，与学生的地位也日益趋于平衡[①]。因此，在线教育（特别是网络直播课堂）给教师的传统角色带来巨大的冲击。

（二）教师多元身份的转化

1. 教师角色的多元性

在传统的教育环境中，一旦课程结束，由于缺乏再次展示的机会，因此无法再次评估并改良自身的教育成果。然而，在在线教育（特别是网络直播课堂）教学情境下，教师有机会多次甚至重复审查他们的授课录像，摆脱了原本身份的限制，他们可以从学生或是观众的角度观摩与反思自己的教学，以更客观的态度看待自身及教学过程。此外，在在线教育（尤其是在线直播

---

① 康小红．"慕课"热潮下高校教师的角色转变与挑战［J］．中国成人教育，2016（14）：125-127.

课）的环境中，教师需要承担多种不同职责，如制作人、领域专家、监督员和研究人员等，这意味着他们在从教授向全面规划设计的转型过程中。

2. 教学活动的多元性

在传统的教室环境中，教师是主要的教育引导者，占据着核心位置。然而，在新颖的网络授课方式中，教育的实施不再仅仅依赖于一位导师，而是取决于集体的力量。因此，教师已经从过去的知识传播者、解答疑问者的身份转变成组织的领导人和调配人员，这一变化明显地对比了以往的教学方法。为了构建在线课程，教师必须准备好丰富的学习资料，还需要专业的摄影师、视频编辑等技术人员的参与，以确保各个环节能够顺利衔接并协同工作。在这个阶段，教师更像是负责统筹的人员。

二、在线教育过程中教师的教学障碍

（一）教师的在线教学障碍

虽然在学术领域没有明确地使用"教学障碍"这个词，但是它有一个对应的理念，那就是学习障碍。这是一种描述学生在掌握特定知识或者技巧过程中遭遇的挑战和困扰的情况。同样地，可以把"教学障碍"看作是教师在授课过程中的难题、疑问或是阻力；而在在线教育环境中，对教师线上教学障碍的定义是指他们在网上教课的过程中遭遇到的一切抵制或负面影响。

（二）原因分析

1. 国家层面：缺乏在线教育能力标准

"能力标准是指一整套使得个人可以按照专业标准的要求有效完成特定工作职责的相关知识、技能和情感态度。"[①]事实表明，目前，教师的实际课堂授课能力和他们的在线教育能力并不能完全等同，因此，建立全国性的在线教学能力标准是非常必要的。此外，对于我国教师来说，还有一个问题就是缺乏在线教学能力的标准化，这与他们需要满足的在线教育评

---

① 詹姆斯·D.克莱因，J.迈克尔·斯佩克特，等. 教师能力标准——面对面在线及混合情境 ［M］. 顾小清，译. 上海：华东师范大学出版社，2007.

估需求产生了冲突。把在线教育能力标准视为衡量教师在线教育发展的重要参照物，若能在职称评审中加入这个因素，就能激励教师更加积极地投入到在线教育中去，这样既可以让教师明确自己的在线教育水准，也有助于推动在线教育的进步和发展。

2. 学校层面：缺乏教师在线教育能力相关制度

（1）缺乏培养教师在线教学能力的机制

尽管许多高校已经认识到提高教师信息素养和在线教育的必要性，但是在实际操作中，他们所组织的针对教师的教育活动通常处于较低水平，这主要体现在：没有系统化的在线教育技能训练计划和实施策略；过于侧重在线授课技术的应用。换句话说，目前多数高校的在线教育培训制度并未达到理想状态，其培训流程并不完备，如线上学习可能只是表面化、培训方式单调乏味、课程内容未涵盖所有领域、线上的培训机构尚未完全建立起来，这些问题都是制约在线教育发展的障碍。

（2）缺乏在线授课质量和教师在线教学评价的体系

首先，一个完善的网络教学质量监控体系应包含以下部分：教师的教学质量控制系统、网络教学管理的质量控制系统、学生的网络教学课程学习质量控制系统。在这一体系中，涉及不同层面的人员参与，如教务处、教研室、现代教育技术中心、学生处、班主任、学生和家长等。"教务处和各部系通过督促网络课程建设及网络教学工作的开展，各教研室通过反馈网络教学效果的信息来实现共同控制网络教学质量；现代教育技术中心和通过制定规章制度文件、提供技术支持、开展相关培训等，教务处通过组织在线教学专家评价以达到共同控制网络教学质量管理；学生处、班主任和教师通过共同督促学生网络课程学习以实现间接控制学生网络课程学习质量。"①除此之外，在线教育学习平台的功能完备程度也可以直接影响到网络教学质量的监测结果。

其次，合理有效的教师评价体系根据教师培训规律、教师特点和在

---

① 朱小康，伍叶，章志红，等. 高校网络教学TQM质量监控体系应用研究［J］. 电化教育研究，2016（6）：35–42.

线教育的实际需求制订，激发教师参与学习的内在潜能，不断增强培训的吸引力和实效性，确保教师学有所获，激发出他们对教育的热情，提升教育质量并保证他们在学习过程中获得知识。这个完整的评定机制的目标是"减劣增优"，也就是改善线上课程中存在的不足之处，同时强调优秀的表现，以期能够间接地提高学生在网上学习的效果。然而现在看来，学校的评估制度并不完整，教师的网上考试要求太过简单化，甚至是一些测试指标被忽视，没有充分发挥其作用，这无疑会妨碍到在线教育活动。

3. 教师层面：因在线教学能力有限而无法达到高标准要求

首先，就教师的教学理念而言，"在线教师应该创设具有自由和谐的课堂氛围以鼓励学生自由表达和自由参与，促进学生的个性发展，帮助其达到自我实现"[1]。当教师采用互联网平台进行在线教育的时候，无论是实时还是录播的视频课程，都面临着摄像头前空荡的环境，缺少了传统教室里的学习气氛及实时的师生交流，如果仍然沿用线下教授的方法传输知识，则可能忽略了教育的核心需求，导致教学效果并不理想。

其次，从在线教育的要求来看，教师面临着自我技能不足但又必须满足高质量教学要求的冲突问题。这主要体现在如下几点：其一，对于网上教学工具的需求与教师自身电脑知识能力的差距。现代化的信息科技如计算机、互联网和新传媒等已成为目前在线教育的主导方式，同时，为了构建并完善线上的教学内容，对教师的电脑操作技巧有着极高的需求；其二，教师缺乏专门的在线教育授课能力。在线教育，尤其是线上课堂，教师实际上身处的是虚拟教学环境，因为缺少以往熟悉的社会情境，所以无论是教师还是学生，都对讲授的内容产生截然不同的反应。对于教育场所而言，单纯地依赖个人教导模式或方法并将其传授于学生是不现实的，也不能有效监测学生的上课情况。事实上，在此种授课氛围下，教师的注意力已转向学生的参与程度、专心程度及其满足感。这无疑为教师提出了更高的在线教育需求，如自备课至课程结束全流程中的各个步骤，包括在线教育规划、在线教育监管、互动交流、回馈等各方面都需达到高级别的要

---

① 顾明远，孟繁华. 国际教育新理念［M］. 海口：海南出版社，2003.

求。这也给教师带来了一定压力，他们必须付出更多的心思和努力来确保每一个细节都能完美无缺，以此提高学生在线学习的自主性和热情。因此，在线教师的高标准期望与其本身在线教育能力的不足构成了制约其成功开展在线教育的关键因素之一。

4. 学生层面：欠缺自我调节学习能力

正所谓"教学相长"，教与学是相对应的一对概念，教要与学互动，教师教学能力的发展需要学生的学习能力反馈。对于学生来讲，在线教育为学生提供了"无限的自主学习空间，有效的自我调节是确保学生成功开展自主学习的基本能力"[①]，包括适应环境的能力、自学能力及自律程度等都是决定在线学习成效的关键要素。从大学生的视角来看，传统的课堂教育仍然是一种熟悉的学习形式，但在线教育和远程教育却有很大的不同之处，再加上大学生本身的主观能动性较低，又很容易受到外界的干扰，因此很难主动投身于在线自主学习中。如果学生自我调控学习能力不佳，即使教师技术熟练、在线教育能力强大，也不能实现预期的教学成果。所以，从以学生为中心的角度出发，学生的理想状况与现实情况之间的差距构成学生层面在线教学障碍的一个重要因素。

三、教师在线教学能力体系的构建

在这个时代的语境里，"互联网+教育"的时代特征使得线上授课成为教师执行教导任务的主要途径之一。作为一名在线教育的教师，需要拥有足够的在线教学技能以确保高质量地完成这些工作。这不仅包括对传统课堂教学能力的重视，而且涉及到一些特定的在线教育教学相关知识水平的要求。换句话说，一方面，教师应该具有在线课程所需的专业领域知识、教学策略规划能力和实际操作及管理技巧，同时也要有评估学生表现的能力；另一方面，"要加强理想信念教育"和"着重加强教师信息素养的培

---

① 钟志贤，林安琪，王觅. 自我管理:远程自主学习的基本能力［J］. 远程教育杂志，2008（4）：29-36.

养""督促教师学习、掌握信息技术知识，熟悉网络数字化教学资源的使用，驾驭各类信息教育交流小程序等"①。构建教师在线教学能力体系，应当具备以下内容：

（一）在线教学理念

正确的在线教学观念是实施在线教育的基本前提和思想保障，其思维导向性直接影响到高校教师在线教育的全过程。

1. "互联网+教育"理念

信息时代造就了社会需要的人才。"互联网+教育"的新观念对教师及学生的身份进行了根本性的变革。在信息化时代，"互联网+教育"让学生能够利用互联网上获得新知的方式从被动接受转向积极探寻；他们能自主决定如何寻找最适合他们的课程材料并安排合适的学习流程。同时，这种变化也适应着当前数字化教育的需要：线上授课模式使得师生关系更加平等化，教师不再是唯一的权威来源，而是变成信息的挑选者、学科内容的协调人、活动组织的领导人和成绩评估的数据解析专家等。

2. 线上线下教学同质等效理念

在线教育的优势在前文已经有足够的论述，这里就不一一赘述。但同样必须看到，线下师生面对面的课堂教学对于当今我国高校大学生而言，其重要性是毋庸置疑的。线下师生直接面对面的教学方式具有独特的教学优势，每天教师与学生面对面互动有助于教师实时了解学生的学习情况，以便调整教学策略并给予针对性指导，为接下来的教学内容和活动做好前期准备。

教育目标在于让学生深入理解所学的内容，所以无论是线上教学还是线下教学，都需要保证两者在实际教学成果上的无差别。实现网络及实体课教学同等有效性的关键一直都是坚持以学生为核心的思想，不论是在线还是面对面的教学方式，都应该根据学生的需求来规划课程，并且持续观察他们的学习进程及其成效。教师必须投入更多的精力研究在线教学原理和技能，领悟到在线教育与现实教室教学同等有效的教学观念，提升实施

---

① 杨程. 多管齐下提升教师在线教学能力［N］. 中国教育报，2020—02—28：2.

在线教学活动的能力。

高校应展开全过程教学管理，加强线上教学与线下教学的联系，从而有效指导课前、课中、课后的学习。教师必须充分发挥直接授课的优点，同时规避传统教法的不足之处，把这些优点最大化地融入网络课程之中，并全面结合在线教育的独特优势，从而大幅度提升教学效果与品质。所以，教师应该持有线上教学及线下教学同等有效的观念。

3. 素质教育理念

素质教育理念以培养和提高我国国民素质水平为根本宗旨，"培养广大大学生的创新精神和自主实践能力作为目标和着眼点，使广大大学生在德、智、体、美、劳等多方面得到全面、充分、和谐发展"[1]。这意味着他们将在道德品质、智慧才干、身体健壮度及艺术鉴赏力等多个领域获得均衡、深入且协调的发展。思想道德素质体现了他们的生活观念、价值取向与宇宙认知，揭示了个体的道德风貌和修身养性程度；高校的教育基础就是科学素质教育，旨在全方位地提升学生的科学观点和感情、科学知识的水准及其构成方式，同时训练出科学思考的方法；应大力推行创新型人才教育，以此激发学生的创作激情；对于大学生的人文素质教育来说，它的任务在于改进和推动大学生文化和审美的理解力及人文底蕴的成长；随着互联网技术飞速进步，信息的种类繁多而复杂，学生必须掌握应对这些信息所需要的实际技巧，如如何挑选、辨别和运用各类信息。

素质教育的最终目标是让学生将外部的社会经验转化为自身的才智和能力，进一步发展他们的聪明才智和体能，培育他们的道德，激发他们的兴趣和爱好，促使个人健康发展，以满足社会的需求。素质教育的核心目标是促进人的全面发展，而高校素质教育致力于培养学生的全面发展和进步。素质教育的目标群体包括所有的学生，但它的重点在于每一个学生的个性化发展，因此必须采用一种能够促进每个学生独特学习方式的教育方法，那就是多样性的教学模式。

贯彻素质教育理念，教师应认识到学生的主动性和主导作用，重视他

---

① 章普，朱敬，王永平. 素质教育与数学教学研究［M］. 沈阳：辽海出版社，2019.

们的实际生活经历和感情感受，使他们成为课堂中的重要角色。同时，教师的责任也在由传统的权威管理者、知识传播者转向民主化的参与者和知识指导者。"在线教学过程中，教师要全面推进以学习资源为导向，以实现学生全面发展为手段，以终身学习为目标的教育宗旨"[①]。高等教育的在线教育教师应有把素质教育融合到专业学科课程中的技能，不但关注学生专业知识的学习和理解，而且必须重视培养他们的独立思考能力和理论实际运用技巧。

（二）在线教学设计能力

教学设计包括教学内容的综合设计、教学过程的综合设计和教学传播媒体设计。在线教学设计能力是指教师需要掌握的关于如何高效执行在线教育的知识与技巧，其不仅是连接教学理念与实际操作的关键环节，而且是现代教育技术的核心部分。如今，高校在线教育线上课堂主要通过互联网平台实现，这种模式下的教学是以学生为主体展开的在线教导。在这个过程中，教师与学生的互动交流及学生的学习感受都离不开教师课前的教学计划制订和策略安排，这对于教师在线教学水平的要求要高于传统面对面的教学方式。

1. 在线教学前端分析能力

在线教学前端分析能力是指教师在进行网络教学时，对于教学目标、教学内容、学生和学习需求四个方面的理解和评估。它构成了在线教学设计技巧的基石。

（1）教学目标分析能力

教学目标是一种总结性的表述方式，用于引导课堂活动的策划并设定其流程与手段的功能规范化，同时也是学习成果的一种体现形态。学习结果又是学习目标的最终表现形式，所以笔者将教学目标、学习目标、学习结果做同一个问题考虑研究。著名教育心理学家加涅以学生通过学习能产出什么样的信息输出为出发点，提出学生应具有五类习得的性能（智慧技

---

① 袁进霞. 新时代大学生素质教育新论——基于应用型人才培养的视角［M］. 北京：地质出版社，2018.

能、认知策略、语言信息、态度、动作技能）作为教学目标。学生的学习结果是通过对性能的习得而产生的，教师根据预期的学习结果制订教学目标，因此，高校教师分析和制订教学目标主要从五个方面入手：

第一，智慧技能。智慧技能可分为辨识、具体概念、规则和高级规则几个层次，学生通过接触刺激和反应、获得反馈并进行重复，识别不同的事物。他们在大脑中形成对应的概念，通过相关例子发现具体概念的共同本质特征（属于描述性知识阶段），加强学生对定义性概念的概念形成和同化过程（属于描述性知识阶段），并进行变式练习以将知识转化为技能。进一步深入学习后，学生能够在展现规则变化的情境中适当地应用规则。在已经掌握的概念和规则基础上，学生具备学习和掌握更高级规则的能力。

第二，认知策略。认知策略可以被细分成三个部分：重复记忆法、深度处理方法和组织技巧。这些技能允许学生使用他们自身的言语来重新阐述他们在学习或工作中接触到的信息，并能描述其主要内容、做出归纳、创建比较、以自身的方式记录笔记、做出解读、提出疑问及解答等问题，同时也能掌握所学信息的架构。

第三，语言信息。学生在学习完成后，有能力在需要时将具体的事实进行表达。

第四，态度。态度包括三层含义：一是所期待的教学成果，涉及教师如何塑造学生的态度与价值观念；二是对于某些特定活动的高度热情，这是为了激发并维持学生的学习兴趣；三是关于个人社会角色的问题，希望通过这种方式培育他们的国家认同感和作为公民的责任感。

第五，动作技能。许多类型的运动技巧被划归为行动技术，如操作设备的技术和无器械技艺、持续型和非持续型的运动技术、开式和闭式的运动技术。所有这些都必须经历以下步骤来理解和掌握：首先，从理解基本要素和部分动作入手；其次，构建出连贯的动作序列；最后，实现自动化的执行。此外，确定教学目标的过程也在不断地精简化和优化。经过多年的推广，新的基础教育课程体系已经在实施，而高等教育则是其最直接的教育延伸，它基于素质教育观念及新课程框架，因此，它的目标特性包括时代的特征、抽象性质和客观属性，所以，高等教育的教学目标应该以知识和技能；流程和策略；情绪、心态和价值取向这三个方面为主导，致力于培育具备思维品质、心理特质、科技素养、创造力、文化修养和人文智慧的信息智能人才，不仅要教授给他们具体的知识点，而且要提升他们的全面能力和独立思考能力。线上授课教师应当有能力根据教学主题、学生的接受程度、现实需求和预期成果去分析并设计教学目标。

（2）教学内容分析能力

高等教育是大学生进入社会工作前接受在线教育的最后阶段。高校教学课程主要分为两类：通识课程和专修课程。其中，通识课程涵盖诸如英语、政治和社会实践等基础科目；专修课程则聚焦于特定行业的核心知识领域，如教育学的教学设计、信息科技与课程融合、数字化教育等，经济学的金融学、商行管理等。每个专业的特色都体现在其独特的理论体系中，这要求把学生放在中心位置，由教师提供引导和支持，鼓励学生的主动性和团队协作精神。因此，作为一名优秀的教师，不仅要对所教授的内容有着深入理解，而且要能够灵活运用教材，掌握教学方法，并且能依据学科特性制订全面且细致的教学计划。在正式启动教学活动之前，教师需要仔细研读指定的教育书籍及辅导资料中的教学大纲和课程目的，同时收集相关的教学资源，以便更好地实现教学环境，并将之转化为实际操作方案。

（3）学生分析能力

高校在线教育面对的基本都是成年的学生，这些学生拥有一定程度的信息科技技能。随着教育的投资持续增加，包括人力与财力，现在的大学生都是在高度依赖信息科技的环境中长大并接受教育，他们在日常生活中和学习的各个环节都能够熟练运用各种技术工具。

信息化技术对学生的影响是多方面的、多元化的、综合的。成长在网络时代的学生一般具备以下典型特点："技术控、用搜索引擎来获取信息、对媒体感兴趣、创建互联网内容、快速操作、以探究的方式学习、以试误的方式学习、多任务处理、注意时间短、虚拟环境下的社交、渴望面对面的社交交互、感情开放、多元文化包容、喜欢小组合作、努力适应社会、感到成功的压力、喜欢得到及时反馈、以目标和成就导向、高度依赖网络、强交互、重视觉体验、实用主义等"①。学生分析通常可以从两个主要角度展开：智力因素分析和非智力因素分析。智力因素分析包括认知能力、认知结构、特定能力和基础等方面；非智力因素分析包括学习态度、学习动机和学习方式等。高校学生兼具普通学生、成年学生和网络环境下学生的特质，因此，在分析学生时，教师需要特别关注其独特性。网络环境下，学生会呈现出许多新的特征。教师在教学过程中需要面对本科生、硕士研究生和博士研究生这三个不同阶段的学生。对于在线学生的分析可以从三个方面展开：在线学生的起点分析；在线学生的认知结构分析；在线学生的特征、风格和态度分析。对于在线学生的起点分析应包括对其先前所掌握的知识及技巧、信息技术运用水平、对待在线教育的观点等方面的考察，同时还需要考虑到他们的生长背景；关于在线学生的认知结构分析则侧重探究他们现有的知识总量，思考逻辑性和构建知识的方式；至于在线学生的特征、风格和态度分析，需要深入了解他们在动力学、学习方法、学习能力和师生互动理解，以及在在线教育环境下认知行为的变化等方面的情况。作为一名在线教师，应当积极推动学生全方位的发展和个人特色的塑造，这不仅仅局限于确保他们具备满足国家对毕业生要求的专业知识，更重要的是针对学生的个人特点推进他们的个性和全人格发展的培养。

（4）学习需求分析能力

"学习需求是指学生学习方面目前的状况与所期望达到的状况之间的差距，也是学生目前的水平与期望学生达到的水平之间的差距。学习需求分析有助于理顺问题与方法、目的与手段的关系。"②高等教育在线教师在确定学生的学习需求之前，首先，设立他们希望学生的学习成果应该是什么样子的（说明学习目标）；其次，进一步检视学生已经拥有的知识技巧等是否符合他的理想结果（比照一下两者的落差）；最后，根据以上资料

---

① 杨俊枫. 面向数字一代学生的智慧教室设计与评价［M］. 北京：中国社会科学出版社，2017.

② 邹霞，康翠，钱小龙. 教学设计：原理与案例［M］. 西安：西安交通大学出版社，2017.

制订网络课程计划，以调整那些不足的地方，并且让它趋向一致化，以便打好未来学习的基本架构。

2. 在线教学组织与实施

教学是主体之间构建生活世界的交往实践，"具有自主性、开放性、多向性、互动性、平等性、建构性和生成性，它不是封闭、单一、静态和现成的，而是以一种流动的方式不断变化和生成"①。其中，线上授课作为现代教育的存在方式之一，教师应充分发挥网络授课的优点。线上课程组织的执行涉及到多种能力的整合，这些能力和效果密切相关，因此，对教师选择合适的教学策略、有效地推动课堂进程及积极响应学生需求的能力进行了重点探讨。

（1）教学方式的选择能力

在线教育推动了教师授课策略与学生活动模式的革新，其所构建的知识更具场景化、真实性、延伸性。教师会依据讲授的内容决定采用何种教学手段。常见的手段有直播课堂、影音讲座、融合型教学等。因应不同的教学手法，教学活动的规划也相应地会有差异。预先筹备是在线教育的核心步骤之一。在开始上课之前，教师必须挑选出适合课程内容的图像、文本、影片等教学资料，无论是以直播形式或录制的方式还是结合两者作为教学工具，这个阶段都需要做相似的准备工作，如制订教学计划、搜集必要的教材资源，并确保网络环境和相关软体运行正常。

在进行直播教学之前，必须预先测试相关软件。通过手机平台、网页和电脑三种途径，可以创建一个师生共享的直播教室，以降低直播过程中出现的错误。录播教学则需要提前使用录播软件，完成课程的录制、编辑和发布工作。

课程内的探讨和评估应围绕教育目标开展，指导学生获取新的知识。学生可以借助网络工具进行线上互动和讨论，提高他们的学习技能，培养团队协作精神，激发求知的热情，体验到学习的成功喜悦。然而，因为直

---

① 刘振天. 高校课堂教学革命：实际、实质与实现［J］. 高等教育研究，2020（07）：58–69.

播和视频课程可能会出现时间和空间上的差距，所以它们更倾向于采用评论回复、电子邮件沟通等方式进行师生及同学之间的交流。而对于融合型授课模式和研究型教学法来说，它们的交流手段包括既有的现场对话、课后评论回复、电子邮件回应等多种形式。这样一来，教师就能通过这些反馈信息迅速了解学生的学习状况，从而做出相应的调整。

借助线上学习系统的大量信息对比功能，教师能够掌握到学生的网上课程进展状况、专注力水平及课外网络练习测试成绩等全面的信息记录。根据这些统计数字及其上课时的观测所得出的结论来评估学生的表现后，再结合自我教育过程中的回想反省活动去理性地评判自己教育方式的长处和短处之后，便能作为未来教育的借鉴依据。

对于直播授课、探讨型教育及混杂模式的教育来说，必须关注并记录学生在教室里的言论，强调他们的口头表现、推理能力、团队协作意识及积极参与讨论的环境，从而深度解析并评估课程的内容和细微之处。所以，在线教育教师应依据不同教导方法来执行预先安排的工作。上课时，要处理好学生的学习活动、对话交流及考试评分事宜；下课时，要对教师的教学成果及其所教授的学生的表现做出全面而客观的分析和评定。

（2）教学活动开展能力

教育实践指的是根据课程规划所执行的一系列行动，是校园的核心事务，由教师准备讲授内容、授课、分配并评估作业、提供解答疑问服务、对学生的学习成果进行检测及评价等主要步骤构建而成。这些动作构成一个完整的教育体系，包括教授和学习两个部分，其中教师起着关键作用，目的是让学生更有效地理解和应用知识，从而达到道德、智慧、身体、审美等多方面的均衡成长，以培育出优秀的全能型人才。因此，设定明确的目标和方案来训练教学的知识水平和技巧，提升他们的能力。同时，学生作为学习的核心参与者同样重要。在线教育的实施过程与传统教育模式相类似，但由于教学场所的变化，其运作方法会有一定的调整。总体来说，它分为三步：首先，在开始之前，教师需要准备好教材，然后向学生分发资料，指导他们独立学习，并且设置预习任务；其次，在正式的线上教学时间，强化师生的双向交流；最后，完成作业后，鼓励学生继续复习，加深记忆。高校课程涵盖各个领域，其所教授的内容通常是一个完整且相互关联的知识结构。依据相关在线教育指导意见，每个课时的时长不超过40分钟，部分院校可能还会进一步缩短到30分钟以内。这要求教师在实施网络授课时必须合理分配时间和精力，把复杂的知识点拆解为一系列问题、任务、课题或者方案，并确保这些问题的设置和解决方案都具备完整性和连贯性。

"在线教学是师生身处虚拟教学的互联网环境之中，教学主体在虚拟教学世界中，以数字化中介系统为媒介，以及在线交互为基本形式而进行的各种教学活动，是借助计算机、网络技术、虚拟现实技术等新兴技术构建的虚拟现实或'人造空间'，这种教学交互可以是实时性交互或是跨时空交互，是一种'主体—中介—客体'或'人—机—人'的交互模式，具有交互性、立体化、多样化、去中心化等特征。"[①]虚拟教学是在线教育的核心表现形态，是实体与虚拟世界的结合点，让学生和教师能亲身体验到真实的上课氛围，但又不同于传统教室的形式，展现出一种虚拟的状态。在这个过程中，学生和教师共同建立起虚拟授课模式，打造了一个理想的网上课堂感受，从而有效地激起他们的学习热情。在网上的教育教学实践中，教师可以通过不同的组织方法和教学手段，如引导学生进行探索式的研究、玩游戏学知识、合作学习等方式，运用慕课、翻转课堂等策略提高他们独立学习的技能。网络授课系统提供了非实时或者实时的录播课程观看选项，当教师开始在线教育工作之后，若学生对于课堂主题仍然存在困惑，又或者是觉得难以适应教师的教学节奏时，他们可以选择按照个人步伐重新观摩课程影片，调整学习速率并控制播放速度，这样能提高学生的自我管理能力，让他们能够依据自身的特质挑选出最合适的课程进阶方式与速度，从而构建起他们的知识体系。

（3）教学交互能力

教学是一种由师生的双向沟通构成的教育及学习的过程。这个进程可

---

① 罗儒国，吴青. 论教学活动的虚实二重性［J］. 山西大学学报（哲学社会科学版），2018（01）：130–137.

以被划归成三部分：课前交互、课中交互、课后交互。在课前交互环节，学生通过接受来自教师的信息资料，开始他们的独立研究工作；同时也会提出疑问或者困惑的地方向教师提问或是跟其他同学一起探讨这些问题的答案。这种信息的传递可以通过班组聊天室方式实现。而对于一些需要上传到在线教育的材料则会采用文本链表、声音片段、影像剪辑等形式呈现出来供大家参考使用。在此过程中，教师必须适当地指导学生理解并掌握正确的解题方法、步骤，以便更好地解决问题。此外，教师也应该积极地运用网络上的各种工具（语音对话框），让学生能更方便快捷地上网获取更多的资讯，从而提高自学能力和思考力水平。教师与学生的互动方式多种多样，其中在线教学常采用论坛和留言区进行交流。这两种方式通常出现在课前和课后的交互环节中，而且在课后使用的频率更高。

完成线上学习后，部分学生可能会遇到无法全面掌握的主题及知识架构，这需要寻求外部协助。在此情况下，网络社区或者评论区域变得至关重要。"论坛、留言区的主要功能是开展课程知识讨论，次要功能则是激发并维持学生的学习动机，引导、鼓励学生不断参加学习。"[①]这种类型的讨论可以有效地刺激和维护学生对学习的热情和积极性，同时也能让教师了解并解析他们的学习状态，从而优化在线教育策略、技巧和速度。此外，教师还可以借助这些讨论内容来指导学生，鼓励他们，激发他们对求知的激情，强化他们的探究意识和对知识的追求。然而，除开上述提到的网络社区和评论区的形式外，还有师生间、同学间面对面的交流，或是使用通讯工具进行学习沟通的方法。目的都是帮助学生重新构建知识，建立全新的认识体系，推进深度含义的建设，避免表面化的交流。因此，在在线教育过程中，教师应该从感情层面和技术层面着手，而且这两点同样不容忽视。感情层面的支持可以通过言语或行为上的赞扬、劝导和批评帮助学生调节自己的学习状态，促使他们更加主动地加入到知识共建的过程中，而这个过程展示的就是教师对待学生提出的看法、疑问或问题的态

---

① 魏顺平，韩艳辉，王丽娜. 基于学习过程数据挖掘与分析的在线教学反思研究［J］. 现代教育技术，2015（06）：89-95.

度，以及对学生的理解和关心。技术层面体现出教师如何有效地向学生的学业给予协助与支援，推动他们产生创新思维，引领话题探讨的路径，并且当他们的看法有所不同时能迅速做出调整及评估，促使他们在现有知识的基础上拓展，同时激发新生知识，激励他们深入探索。

（三）在线教学资源设计与开发能力

在线课程资源设计是在线教学资源设计的主要部分，这不同于以往仅依赖课本的教育模式。教师会从互联网上搜集、整理并融合各种网络素材，形成丰富的数字化的辅助教具，如网页、文章、图像、音频及视频等。由于在线教育的开展基于互联网平台，学生只需要具备上网条件即可随时参加在线学习。然而，相比线下授课，在线教育对信息科技技能的要求更高且更需考虑课堂管理策略。笔者认为，对于在线教育资料的选取和制作技巧应包含挑选合适的教学资源和掌握相应的资源创建软件使用方法两方面。

1. 选择教学资源的能力

互联网上的教学资料涵盖面广、量大且类型丰富，使得课程内容的融合有了更丰富的可能性。所以，对于线上授课的教师来说，他们必须善于运用这些优势来挑选合适的教学材料。由于线上的教学素材可以来自各种途径，如各类网站和社交媒体平台，这就要求教师能够从中筛选出与课程主题密切相关的内容，并且对大量的信息进行处理、归纳、再组合以形成高质量的教育素材，这对他们的知识储备和组织技巧提出了较高的挑战。

互联网络构成了庞大的数据库，其中包含丰富的线上学习材料。从资源载体的角度看，包括文本、图形、声音、动画、影片等多种表现方式；而从使用平台的角度看，既有多元化的综合型平台，也有一系列专业领域平台；根据内容分类，可以分为各类的学习素材如文献、试题、教程、资讯、教学规划及目录等；基于资源架构的优劣分析，可划分为未组织化的初始资源、部分组织化的资源与完全组织的资源三种类别。与此同时，"互联网+"时代下的教学资源正朝着开放性、集约性、分散性、动态性、移动性和虚幻性的方向发展。然而，把在线教育的资源转换为教师在线授课的教材并非易事，因为教师必须具有对各种信息挑选和转化的技能，并在网络教学环境下有效地利用这些资源。网络资源无所不在，教师获得在线教学资源的方式多种多样，许多教学资源都是免费的，并且可以被改编或重新利用，因此，教师若要将这些数字资源融入在线课程，则需采取适当的手法来整理那些破碎的、多元化的、零散的资源。课程资源可根据使用方式分为直播和点播两种资源。根据资源用途又可划分为学习类和考试/练习类资源，学习类资源又分为视频/Flash/三分屏和HTML/自定义格式资源；考试/练习类资源则包括形成性测试/练习和终结性测试/考试。其他资源还包括参考资料和问答记录。首先，在线教师应正确理解资源分类和细化，明确各个环节需要哪些教学资源，并精准应用到相应的地方；其次，在线教师需要根据课程目标需求选择适当的教学材料，并具备筛选、整合和应用资源的能力。总之，教师在进行在线教学时应具备选择教学材料、选择教学媒体、整合在线资源的能力，这是开展在线教育所必需的能力。

2. 资源设计工具的选择与使用

就教育内容利用的角度而言，存在两种类型：即时播放的教育资料和实时授课的内容，对应于此是在线教师对这两种内容的挑选及运用技巧。依据所用目的来分类，可以划分为三种类别：教导型材料、测试/训练型材料和其他形式的信息，对于各类别的信息，在线教师需要选取相应的素材生成器或应用程序，并且掌握其操作技能。

各种资源的来源可以分为两种情况：一种情况是与课程密切相关的专业领域资源，如课程配套资源、教学资源、教学资源类门户网站、学科建设相关网站等；另一种情况是在线教师根据课程需求自制的资源，包括收集、筛选和整理素材等。

文本资源的来源非常广泛，主要包括学术类数据库和电子图书数据。纸质图书有时不容易找到所需，因此，电子图书显得快捷、方便。筛选和处理文字一般使用WPS、Office、记事本等工具，可以整理和存储筛选出的文字。WPS、Office还能轻松处理文字样式，并具备多种功能，如传输、分享和云同步等。

（四）在线教学平台的准备与使用能力

1. 在线教学平台的选择

互联网教育工具是一种信息技术设施，旨在为远程授课提供服务并确保其有效运行，以实现各种功能的支持，如学生注册/登录、课程创建及发布、课程查看与搜索、学习、实践测试和考核、教师间的沟通、积分的管理等。这种在线教育工具可被归类为两种：一种是以非即时方式播放的视频教程（也称之为"点播"）；另一种是现场直播式的视频讲座。此外，该工具还可以按照不同的操作系统来分类，如Web版本或移动版本。这些基础的功能使得在线教育得以顺畅实施。然而，由于每个在线教育的侧重点各有差异，因此，选择哪种类型的在线教育工具可能会因人而异。对于那些更倾向于录制好的课程的教师来说，他们会选择点播型教育工具；相反，如果他们的目标是在线教育中营造出积极活跃的学习环境，那么他们则会偏向选择直播型的在线教育工具。总之，这个基于互联网的教育工具能够让所有人都能够轻松访问，无论身处何方，都可通过电脑或者手机参加学习活动。在线教学平台系统功能较为复杂，了解和熟练掌握在线平台的系统功能是在线教师顺利开展教学的基本要求，更有利于帮助在线教师选择合适的教学平台。

2. 在线教学平台服务与支持

高校在线教有两类主要的在线学习平台：一种是大规模开放在线课程平台，也就是点播式教学平台。成千上万名学生可以一同参与同一门课程的学习，不受时间和空间的限制。学生可以回看、重复学习，自主完成学习目标、作业和期末考试，并且有些课程还能获得相关结业证书。这类课程主要以教师讲授为主，采用提前录制的系统化短片段方式，并通过留言区留言、群讨论、邮件交流等方式进行师生互动；另一种是高校教师直播授课的平台，也就是直播式教学平台。教师直接进行授课或讨论，与同校或异校的学生进行实时互动。

技术的进步和平台的新颖性使得许多网络平台可以提供既能观看已录制的课程内容，也能实施实时的直播服务，并且具备追踪学生的学籍信息、建立个人档案的功能。就长远来看，教育的核心在于人本身，其重要性不容忽视。线上授课模式将成为一种适应于教育数字化、预示着未来的教育发展趋势并符合终身学习的新型学习方法，因此，对在线教育教学管理工作需要遵循一定的原则和依据。无论是从全国范围还是地区角度，或是从学校的视角出发，再到班组层面的操作，都需要构建一套完整的体系化的管理流程。

（五）教师在线教学评价能力

对于在线教育来说，教师的自我评判与他们如何看待学生的学习成绩是同等重要的两方面因素。高校教育的核心是以学生为中心并由教师主控的方式推动网络授课的发展，因此，需要紧密结合线上的教课活动去衡量其成效。而关于网络教授的效果分析则应涵盖所有相关环节，如任课者的讲授策略及备课情况等，同时也要关注到这些行为是如何直接或间接地塑造着学生学业表现上来的。

1. 教师在线教学自我评价

对教师线上授课自评的研究可以用来衡量并且提升高校在线教育水平。对于教师教学成果的评估，需要从全面且多元化的视角来考虑。教与学是一种具有深层的体验和有丰富意义的交往活动，"教、学、评、测、管等各个方面将被格式化和工具化，作为一种认知性与技术性、人际性与社会性、道德性与伦理性共存、复合、立体的综合活动"[①]。因此，可以根据这几项标准来分析和理解教师在线教学自评的能力。

2. 影响和激励学生学习的教学方法的评价

优质的教育方式应能满足课程需求且紧扣教育体系，同时要适应学生的理解能力，以激发他们的求知欲，这是教育的核心目的之一。所以，教师评估他们所选用的网络授课策略时应考虑两点因素：一是看其能否匹配到教课的内容并且有利于实现课堂的目标；二是观察它们的教育教学架构是否有逻辑性和连贯度。

学生活动评价标准：在线教学方法是否符合学生的认知结构。

3. 学生活动规划与设计的评价

教师在教学活动的策划和设计上的能力对整个教学过程产生直接影响。一个完备的教学活动架构、恰当的活动规划及清晰的课程目标可以有

① 朱德全，许丽丽. 技术与生命之维的耦合：未来教育旨归［J］. 中国电化教育，2019（09）：1-6.

效地帮助学生适应教学节奏，并以积极的心态参与到教学活动中来。

评估教师的教学活动有两个标准：一是教学过程中的每一个环节是否完备无缺，以及教学活动的设计是否合理；二是教学活动是否与课程目标和课程内容紧密相连。

评估学生活动的准则包括：（1）观察学生在网络学习过程中是否能够跟上教学活动进行的步伐；（2）观察学生在参与教学活动时，对教学活动的态度和表现是否热情。

4. 课程和资源制定的评价

对于在线教育来说，涵盖各种形式的教育素材，因此，在评估其效果时，如何能根据实际情况去设计合适的课程与资料变得至关重要。这要求教师必须有能力从海量信息中筛选出符合需要的教辅材料，并对其进行适当处理；此外，他们还需要掌握挑选适合的网络授课平台的技术。所以，对在线教育课程及资料设计的评估中，对于教师授课活动的评判准则包括以下几点：首先，看他们是否有能力直接且精确地获取并挑选教育内容；其次，观察他们在运用这些信息时能否做到游刃有余，如如何筛选数字化学习素材、选用合适的教材或其他相关补充资料等；最后，关注他们所选用的在线教育工具和教学程序是否符合教学目标的需求。

评估学生活动的准则包括：（1）检查学生是否能够通过在线课程和资源快速领会知识的表面及其深层含义；（2）观察学生是否成功地利用了在线教师提供的教育工具，达到了他们设定的学习目标。

5. 教学与辅助学生学习的评价

作为教师，首要职责就是执行课程计划并协助学生的学习，处理他们在求知过程中的难题，以推动他们的全面发展。所以，对于教师和学生的评估应包括双向互动的过程评定，其中教师的活动评分准则为：线上授课期间，他们能否恰当地平衡教授与学习之间的关系。

针对学生的考核指标：看他们是否有能力独自应对学业挑战，并且自我学习的能力有没有显著增强。

6. 学习的评估和反馈方法的评价

作为在线教育的核心参与者，学生在此过程中由教师引领着前进。他们的主动性和自主意识可以衡量他们对于学习的积极态度；而他们的自尊心则体现了他们在学习中所展现出的信心与成就感。此外，"自我效能感能够预测大学生的学习乐观和学业成绩"①。教师可以通过布置任务来增强学生对知识点的掌握程度和运用技能，并重视使用大数据追踪的方式去评估学生的学习状况。

所以，对于教师的教学行为评估准则包括：（1）他们能否有效地激发学生的主动参与度并增强其学习自信；（2）他们的课业布置是否有针对性与目标导向，作业的数量是否合适且题目设计有思考深度及实践价值；（3）他们能否借助大数据追踪技术，以数据采集与解析的方式实施过程性评定和终结性考核。

评估学生的学习行为的准则包括：（1）他们是否能够自主完成作业和考试，并且成绩达到了标准；（2）他们的知识水平和技能是否有了同步且有效的提升。

7. 创设有效学习环境的评价

对于教师如何构建有效的学习环境进行评估，相较于传统的线下教学方式，在线教育所带来的信息化环境更为突出。教师和学生的双向互动完全在网络环境中进行，这就要求教师具备优秀的教育专业知识和信息技术素养，以便更好地使用信息化工具并创造出良好的教学环境。

所以，评估教师的教学行为有两个标准：（1）他们是否营造了预期的教育环境，并且教师和学生的互动活动是否得到了充分发挥；（2）教师对于教学信息化相关工具是否能够熟练掌握并进行有效应用。

学生的学习活动可以根据以下标准进行评价：（1）学生的学习积极性是否被有效地激发；学生是否能够勇敢表达意见，积极参与讨论；学生的思维是否得到了扩展。（2）教师在在线课堂上创造的活跃程度是否有助于提升学生的学习效果和感受到的效能。

---

① 童星，缪建东. 自我效能感与大学生学业成绩的关系：学习乐观的中介作用［J］. 高教探索，2019（03）：16–21.

8. 尊重和支持学生作为个人的发展及加强学习和教学的学术活动

基于大学生的需求并由在线教师主导，采用定制化的课程规划与教学方法来满足他们的独特需要，从而实现他们最大的个性和创新潜力，有助于提高大学生独立研究的能力、科学技能、学术阅读技巧等。同时，也重视并且鼓励他们作为一个个体的发展，并在线上教学中积极参与学术活动，这些都可视为对教师在线授课成效的一种评估指标。

因此，在评价教学活动时应考虑以下标准：（1）教师在线教学过程中是否真正实践了以学生为中心、以教师为主导的教学理念；（2）教师对教材教学的重视程度是否反映了因材施教的原则。

评估学生活动的准则包括：（1）是否有效地拓宽了学生的个性发展；（2）是否有显著提升学生自我学习、科研和学术阅读的能力。

（六）教师对学生在线学习效果评价

"教师对学生的评价，以教学目标作为学生评价的依据，运用可行的科学手段，通过对学生学习产生数据的分析和整理，对学生的学习活动、学习过程和学习结果进行价值判断，从而使学生不断自我完善的过程"[①]。

对于教师而言，他们评价学生线上学习成果的能力是指他们在衡量学生学习状况方面的能力。为了有效地完成这个任务，教师必须设计出明确的目标来指导他们的评价流程。首先，挑选适当的评价手段，利用这种方式去审查学生学习各阶段的表现。其次，教师应持续搜集有关的数据及反馈信息，以便精确了解学生真实的学习状态，并对其在线教育成效做出调整和修正。教师有多种多样的评价学生在线学习成果的方法，按照新课程标准的要求：应该确保评价的内容全面且丰富；也应该采用多种形式的评价工具；要把学生的全程表现纳入评价体系中；还需关注正规考试和非正规考试的重要性。最后，对评价程序及其使用方法进行评价。高校学生线上学习成绩评价可以采取以下几种方式：由教师亲自打分，鼓励学生自我评分或互相评分，包括对知识点和技巧的评价、对学生学习方法和进程的

---

① 郑勤华，陈耀华，孙洪涛，陈丽. 基于学习分析的在线学习测评建模与应用——学生综合评价参考模型研究［J］. 电化教育研究，2016（09）：33–40.

评价，以及对情绪、态度和价值观念的评价。

评价的功能性既是推动学生自主学习的核心力量，也是决定他们学业成果的重要元素之一。通过指导学生自我评价，他们会由被动接受评价转变成自己做出评价的人，这确实能够充分挖掘他们的潜力并发挥出评价的教育作用。在这个过程中，教师必须对学生的自我评价给予指引、鼓舞和支援，重点在于理解知识探究过程，重视培育学生的独创性和独特的思考方式，并且恰当地引领学生对自己及他人的准确评价，以激发他们积极投入的学习态度。

在同伴互评中，"同伴互评，又称生生互评，是在线教学中常用的一种评价方式，是指学生对提交的作业进行相互评判，并提出修改建议的教学活动，也被称作同伴修改、同伴批阅、同伴评价和同伴反馈等，作为混合式教学的一个重要环节在网络教学平台中经常出现"①。同伴互评是一种生生相互评价的方式，其优点在于评价更多的关注于语言表达形式，而不仅仅是学习内容。它的正确率较高，并且会逐步提升。此外，同伴互评还能够提升学生的学习认真程度，通过互相评价加深对知识的理解，拓宽思路，并相互启发和督促。

与教师评价相比，同学之间的相互评审是从不同的视角来考虑问题的。虽然在倡导多元的教育方式上有所偏向，但是实际上教师的评分通常会占据主导地位——尤其是对于他们所教学生的学习内容理解程度方面的打分更为突出。而这种由同学互相审查的方式则能在某种意义上填补这一缺陷。自我反省及彼此间的审视可以替代或辅助教师亲自实施线上授课的效果测评；通过听取来自他们的反馈信息，如看法、见解等，能使教师更好地洞察到他们在构建新知时的宽泛性和深入性的水平状况，同时也可以利用这些资料进一步研究出线上学习的成效如何。

---

① 王妍莉，杨彦军，崔向平. 促进理解的在线同伴互评机制研究［J］. 现代教育技术，2018（12）：48-54.

四、提升高校教师在线教学能力的策略

（一）高校提升教师在线教学能力的建议

1. 制定教师在线教学规范

在线教学规范是教师教学行为的条件和依据，涵盖课程内容、授课方式、教务管理、评判指标、课堂结构、执行流程及评估体系等方面，并为其具体操作步骤设立了详细且明晰的规定，从而为在线教育的实行提供实操性的参考框架和行为标杆。高校应建立一套针对教师在线教学的行为制度，清晰地划定其活动范围和价值观的标准，以供他们在网上教学时做参考，同时也要确保这些规定的设置具有目标导向、逻辑严密、合乎情理、实际可行且易于被接纳，然后通过不断的修正和优化来适应现实需求，不仅可以有效指引教师正确的在线教育行为，而且可以给他们在自我监管方面提供有力的借鉴。

2. 提供在线教学的技术服务支持

针对高校教师在线教学平台、教学资源处理软件，使用的过程中遇到的特定技术问题提供相关帮助。技术支持是确保使用过程的重要保障，包括以下几个方面的支持：（1）技术指导，解决教师在线教育中的操作问题；（2）解决技术兼容性和稳定性等方面的问题；（3）结合教师在线教育需求，提供建议和更新相应功能，还将提供帮助，解决其他相关的技术问题。

在线教育过程中，教师对于技术服务支持有以下需求：教学资源处理软件工具的功能使用、在线教育硬件设备的连接和使用、教学平台的选择和功能使用以及其他相关技术支持。首先，解决教师在在线教学过程中使用各种工具时遇到的操作问题，可以提供操作指南和课程培训等支持；其次，教师在在线教育实践中遇到无法解决的问题时，可以通过设立指导教师岗位、提供人工和机器人客服以及构建交流分享平台等途径来解决问题，并促进教师之间的沟通和互动；最后，将教师常见问题、注意事项和难题进行归类、总结并分享给参与在线教育的教师，以减少他们解决重复问题所需的工作量。

网络授课的过程中，每位教师并不孤独，因为他们身后有着强大的教育机构作为支撑。学校的职责在于为教师提供教学的保障和服务，包括强化线上课程设备与资料的投入，扩大教学信息的分享范围，搭建教学互动的平台，同时还需向教师提供在线教育的技术援助。这个教学交流平台能有效处理教师在课堂上可能面临的问题，如专业技术的使用困难问题，让教师能够利用此平台实时探讨、解决问题，并且有机会从其他教师的在线教学经历中学到东西，从而提高他们的交际、学习及解决问题的技巧。

3. 改善教师工作软硬件环境

对于在线教育知识领域内对网络教育的紧急状况应对不当的问题，可以通过提高教师网上授课的技术和设备条件来预防此类事件的发生。在线教育工作的软体设施及硬体装备都是决定教师在线教育能力的核心要素之一，所以应该把重点放在改进教师的办公技术和设备上，从而逐渐增强他们的网络教育技能。

（1）规划专用的高校在线教育平台

作为教师执行线上授课任务的基础工具，现有的在线教育系统已经相当普及，适用于广泛的人群，如普通民众、大学本科生和研究生等。然而，这种情况下往往会遇到"网络拥堵"的问题。为了解决这个问题，高校可以将在线教育平台专用化，如为中小学生设立专属的学习平台，针对职业教育的特殊需求建立独立的网站，同时为大学生提供特定的在线学习环境。

（2）统筹优化在线教学资源

优化在线教学资源对教师线上授课给予有力支持，把高品质的网上课程信息传送到一致性的高校在线教育系统中，从而帮助教师省去挑选教材和准备教案的时间，他们能够依据现存的高质量网校教程作为基础来融合高校教学主题并进一步调整和改善。

针对在线教育的整合和优化策略如下：首先，确保网络授课的资料符合教学计划的要求并定期更新，以保证其内容的准确性和时效性；其次，对优秀的教师提供激励和援助，通过一段时间的评比，挑选出最优的教育素材，这些优秀的教师可以在这个平台上展示他们的优质教育材料；最后，改善技术设备能增强在线教学的效果。地理位置会影响到教师的在线教学技巧和职业品质的能力。如今，5G 网络已经在我国大部分地区普及。5G网络拥有较高的速度和较低的延迟等多项优点，这也证明了硬件设备对在线教学能力的重要性。因此，优化在线教学硬件环境势在必行。

在线教学硬件设备的形成包括在线教学基础设施设备、在线教学服务终端设备和基础网络设施设备等。"优化教育信息化基础设施"的定义是提高在线教学硬件设备的效能。为了优化在线教学硬件设备，首先，通过国家主导、学校参与和企业协同的方式来推进，国家给予一定的财政支持，学校参与教育信息化优化行动，企业协同进行高质量的硬件设备配置和研发，并且在社会共同参与的支持下，打造更优质的在线教学硬件设备；其次，及时进行在线教学硬件设备的维修和检测，保持其更新和维护，发现问题并及时解决；最后，加强家庭在线教育基础设备的优化，尤其是农村偏远地区。

4. 做好在线教学质量业绩考核评价

高校需要更加重视对教育的贡献程度来衡量教师的表现，包括严密监督课程数量及授课内容的高效性和高质量，完善相关奖惩措施，以便更好地激发他们的工作积极性，并且加强对违反规章行为的处罚力度。同时，必须加速构建全面且有效的高校教师绩效评审框架，从多个角度深度考察他们在执行规定任务时的具体成果，推动教师更有效率地完成自己的职责并对学生的进步提供有力的支持。此外，学校管理层应该采用多种方式相结合的方式实施全方位的学生成绩测评活动，如自我审查、同行的相互检查或由专门人员提供的第三方鉴定等手段，共同参与到这个过程中，确保教师能够不断提升自身的素质，从而为线上课业带来更好的体验感。

"学校应该建立帮扶、指导、示范为主要目的的'随机抽取在线听课'的课程教学管理制度，及时了解教师在线教学状况，及时与授课教师进行交流研讨，并提出改进意见和建议，提高课堂教学效益。"①在此期间，需要特别注意的是对教师在线教学运作情况、成效和技能水准的评

---

① 胡晓霞. 高职院校教师考核评价机制构建的实践探索与思考——以国家示范高职院校A学院为例［J］. 职教论坛，2015（14）：14-17.

估，同时也要观察学生的学习反应、所获知识数量、课堂参与度等因素，还要关注教师对于在线教学观念在实际操作中如何运用、在线教学计划的设计、在线教学资源的规划与制作、在线教学平台的使用方式、在线教学评测等方面的工作，并且设定合理且精确的相关评分指标。在线教育教学品质绩效考评的主要目标是表扬优秀的个人，激发教师热衷于参加在线教学课程创建、教学革新和教材编写工作，推动教师之间的互相学习和协助，助力高校教师网络教学能力的进步，培育适应性和创新性的教师教学人才，进而提升在线教育教学品质。在线教育教学品质测评不仅注重教学成果和进程的评估，而且考虑学生的反馈和教学奖励。

5. 建设智慧型校园

为了构建智能化大学校园，需要构建现代化的教育体系，如智能感应环境、集成信息设备、应用平台、信息化教室设置、教科资料、数据分析等。同时，强调校企互动、教师间的互相支持及教师之间的协同分享，以达到学校与各领域服务的连接并相互配合，从而向学生提供多样性的服务。教师在线授课能力的提升与其所处学校的信息化网络环境是密不可分的，因此，学校应该根据教师的需求建立智慧型数字校园。首先，加强基础建设的投入，优化对大数据的高级架构规划，扩大校园网信息的交换和沟通，深化信息科技与课程内容的整合，强化在线教育的软硬件保障；其次，营造良好的信息化氛围，确保网络资源的共享顺畅且方便，推进各类服务平台之间无障碍对接，进而促使在线教学资源的共享，为广大教师提供信息化、数字化、智能化的工作场所。

6. 发挥教师教学发展中心职能，加强高校教师在线教学培训

在功能性的机构层面中，应充分调动高等教育院校教师教学训练相关的管理单位的力量，也就是高校需要强化其教师教育教学提升中心的教育培训职责，建立起师生的共同成长体制框架，确保教师网络授课的发展动力得以维持并且能够凝聚力量，联合多种形式的教育培训体系，加强对教师网络授课能力的培养，助力教师网络授课技能的提高。网络授课期间，教师会遭遇平台运用不够熟悉、教学资料不足、学生的学习情况难以跟踪、网上交流不太顺畅、教学评估缺乏等问题，若不能妥善处理这些难

题，将会给教师网络授课的效果带来负面影响。加大对教师网络授课能力的培训强度、深度及宽度的努力，是一种全面且广泛地应对教师在网络授课过程中困扰的方法。可以选择各种不同的培训模式，如实际操作辅导、案例分析、举办现场培训班等，也可以通过在线学习的途径开展直播、录制课程让教师在网上学习，他们可以在观看直播时，也依据自身的时间规划或者需求来重复收看录播课程。基于在线教育观念、线上课程规划技巧、线上资料构建及创新技能、线上授课平台预备与应用技术、线上教师评估能力等五项层级来设定训练目的和主题，在训练过程中，激励教师踊跃参加讨论并重视学问结果回馈，对他们的网络教学实际成效做出评判，给出改善建议，以激发他们的学习热情和效率。总而言之，学校应该给教师创造优质的学习环境，创建协作式学习辅助团体，制定工作业绩考核制度，拓展教师在线教学训练途径，优化网络教学教育的每个阶段，推动高级院校的教育普及化、全球化、专精化和数字化。

7. 帮助教师熟悉在线教学平台的选择与使用

市场上的在线教育平台众多且多样化，为了方便教师根据各自的专业领域挑选合适的在线学习工具，从各类课程中筛选出最适宜使用的在线教育软件，并对其进行详细的比较研究，包括其各项功能特点、优劣势等方面，以便于他们在面临决策难题的时候能有更全面的信息作为依据。教师通常会选择利用第三方企业的在线教育平台来完成他们的授课任务，这些公司负责研发和管理这些平台，而教师则成为它们的主要用户群体。因此，要努力促进这类机构与大学的紧密联系，推动双方建立起协同培养机制，充分利用这些公司的技术实力和服务能力，按照在线教育的规律去实施这种模式下的共培计划。此外，鼓励教师向相关的业务部门或者直接与这些公司取得联系，寻找解决问题的方法，并且把这个信息传递到所有的参加在线教学的教师那里。

（二）教师自我提升在线教学能力的建议

1. 发展创新性思维能力

为了增强高校教师的创新性思维能力，首先，需要构建健全管理体系，确保创意型授课活动得以有效执行；其次，强化对这些教师关于新颖式讲授方式的教育训练并创建新的课堂环境，支持他们探索这种新型模式的研究工作，从而推动他们的创意思维水平得到实质性的进步；最后，设立一套全新的奖励体制，激发教师对于此类课题探究的热忱及自主精神。此外，为进一步优化高校教师在线教育的实战能力和服务质量，应当加大同本地公司的协作力度，鼓舞教师去实地考察，了解行业现状，结合最新的技术知识向学生传输实用的专业技艺，同时强调学理应用的重要性。

2. 重视敬业精神的提升

敬业、乐业在工作中是非常重要的，也是影响教学积极性的重要因素，直接决定了教师的热情程度。

教师可能因为职业的独特性和重复性的工作而感到缺乏满足感，导致他们的敬业态度受到负面评价。为了解决这个问题，必须找出他们对工作热情不够的核心因素并采取措施来改善现况。同时，鼓励教师更深入地了解自己的需求和期望，不仅要考虑工作的稳定和社会地位的需求，而且要学会如何调整心态以达到适度的放松状态。

3. 主动参与在线教学相关培训

教师在线教育不仅要求他们和同事及校方协同工作，而且需要个人独自承担在线教育的责任，也就是强调了团队协作和个人独立性的结合。为了满足在线教学活动的实际需求，教师应该明晰自己的弱点并设定学习目标，积极参加相关的在线课程训练，包括增强自己在这些课程上的投入感和成就感；也应该重视使用互联网来自我学习，并且把学到的理论、知识和技巧运用到课堂上，用实际行动检验所学的成果。教师可以通过这种方式激活自己对于提升在线教育能力的进取精神，激起内在的学习驱动力，增大学习的意愿和热情。此外，通过这样的培训过程，可以提升教师自身的跨界观察能力和深度思考能力，以便当面临在线教育的问题时，能够积极寻找解决办法。

4. 加强在线教学反思，注重教学研究

通过在线教学实践，发现问题、探究问题、解决问题、总结教学经验，是高校教师提高在线教学能力的有效途径之一。对于在线教育的课程规划、资料准备、技术应用及评估反馈等方面进行深入思考与研究，以增强对在线教育的理解深度，调整教师和学生的角色关系，构建协作型、探索型且具有个性的网上教学环境，以此增加学生的学习乐趣，加强师生的互动交流，降低学生因分心而导致学习效果下降的风险。通过对在线教育过程中的反思，可以进一步改善在线教育的方式方法，优化学生的学习体验感受，使他们更愿意主动参与到网络学习之中，从而提升教师在线教育能力，确保在线教育的品质。在线教育反思包括以下五个步骤：（1）对实际操作情况的回顾，找出存在的问题；（2）自我审查，深挖问题的根源；（3）形成新的认知，做出合理的评判；（4）归纳整理经验，提出假设；（5）回到第一阶段去检验这个假设是否正确。教师需要持续强化在线教育的反思，关注教学研究，培养自己敏锐地察觉问题、全面地分析问题、寻找有效解决策略的技能，以提高在线教育的能力。

5. 增强终身学习能力

在线教育是通过网络教学平台，教师与学生互动，共同进行教育。高校教师在在线教学中扮演主导角色。高校是国家教育的顶级机构，随着知识不断更新，教师需要进一步储备知识，并根据特定问题和内容重新创造原始知识，形成新的知识体系，以此来培育人才。因此，教师需要加强终身学习能力强化自我学习的技巧，更新他们的教学思想、技术手段、知识体系和专业知识，提升对终身学习的认识，增加自学的主动性和独立思考能力，吸收他人的教学经验，改进线上授课的技术，利用网络资源去扩大自己的学习范围，拓宽眼界。

6. 建设新型师生关系，促进在线课堂调控

在线教育过程中，教师与学生的互动完全发生在网络环境中，不再像传统课堂教学那样可以进行面对面交流。在线互动则以实时和非实时两种方式呈现，师生互动方式从"人—人"转变为"人—机—人"。教师充当学生学习的引导者，可以通过观察学生的学习状态、与学生沟通交流、了解学生身心状况、情感兴趣和行为动机等，与学生共同参与学习，共同成长。在线教育过程中，教师和学生是学习引导与被引导的关系，是共同、平等地理解知识的对话关系，也是一种对知识加工再创造的伙伴关系。要建立合作型师生关系，确立师生在教学过程中平等、民主、合作、共享的角色和地位，形成相互尊重、相互理解、相互信任的新型师生关系。只有

对师生关系有了新的理解，教师才能更好地了解学生的需求、掌握学生的学习习性，更好地开展在线教育并促进课堂调控。

第六节　在线教育的教学质量评估与监管

一、高校教学质量评估体系的基本内容

（一）构建高校教学质量评估体系的原则

1. 目标性原则

教学质量评估体系的主要使命是确保教育教学活动的顺畅执行，提升教育水平，达到学生培育的目的。其主要职责在于实时识别可能偏离目标的错误，并实施适当的方法来修正这些失误，以达到确保教育教学活动和教学目标得以实现的目的。教师教学质量评估体系的监督部门并非仅针对教师本身，更重要的是关注他们的教学行动及其管理工作。

2. 系统性原则

教学过程是由教师、学生、学科内容、学习资料、学习场所等多种元素构建的一个功能体系，而教育的品质则涵盖教师、学生、教学行政人员、教室设备及条件等，同时还受到学校的角色定义、培训的目标设定及管理策略影响，这些都构成了前述系统的综合效果。这个系统包括高校领导层、教学管理机构、学系、班组等多个层级，形成了一个完善的教育管理机制。

3. 全程性原则

教学质量的主要来源是课堂实践，而非最终的评估与审查。为了确保教育的全面性和有效性，需要建立一种能够全程监管并控制教学流程的教学质量评估体系。这意味着要从预备阶段开始就做好管理工作，并在执行环节保持监督，同时也要关注后续的改良步骤，以实现连续性的优化提升。

4. 操作性原则

教学质量始终是教育的核心主题，遵循着"级别控制、任务分配、全方位保护和联合监督"的基本原则，并把主要精力放在常规的教育工作

中，关注流程的管理和评估结果，提升教学质量的可靠度和评测效果。

（二）高校教学质量评估体系的基本内容

1. 建立和完善专业、课程标准

为了顺应社会经济发展的新趋势并以此作为指导方向，需要优化教育体系，制订学校的专业构建计划及其各个专业的具体实施方案；同时，通过对学科建设的深入研究，创建适合的教育模式。其中，包含如何根据行业需求调整教材的内容结构，怎样利用现有的资料建立新的学习材料库等一系列问题，都需要认真考虑并且解决好才能达到预期的效果。此外，还要进一步细化到具体的科目上，如确定每个科目的主要任务是什么？该门课应该涵盖哪些知识领域？每节课要讲多少时间才合适？这些都需要教师在实际操作中不断总结经验教训，以便于提高整体水平。

2. 建立教师发展标准

为了推动教师个人的职业进步，增强他们在课堂上的教学技巧，指导部门需要制订教师团队建设计划、选拔和评估标准，并确立本校所有类别和层次的教师任职规范，包括二级院系、专业群、专业、课程等各层级的教师数量与结构；专业带头人、骨干教师、专业课教师、公共基础课教师、辅导员等任职考核标准。

3. 建立学生发展标准

以学生的专业进步、职业成长、个人和团队成长为质量追求，引导并制订教育计划及学生全面素质的标准。有关学生发展的一些标准包括：（1）专业发展。包括学业目标和方向的设定、时间管理技巧、学习能力和策略、思维和表达能力、从同龄人那里获取知识，还有提升学业的策略，以及负责任的学生等；（2）职业发展。包括职业目标、职业规划、职业能力拓展、职业准备、寻找工作等；（3）个人与团队发展。包括设定人生目标、了解与接受自己、了解他人并与之相处、生命意识与身心健康、恋爱婚姻与家庭责任、良好生活习惯，以及情绪管理、自我反思、理财能力、团队协作等。

（三）高校教学质量监控评估的主要措施

1. 设置学生教学信息员制度

学生教学信息员是学校教学质量监控体系的重要组成部分。建立学生教学信息员管理制度，鼓励学生参与学校教学管理，发挥学生在教学活动中的主体作用，促进教与学的良好互动，广泛听取学生的意见，及时改进教学，是稳定、提高教学质量的重要保障。为了充分发挥学生教学信息员的作用，及时、准确地了解教学和教学管理的状况，加强教学督导、教师与学生之间的联系和交流，使学生教学信息员管理科学化、规范化，进一步加强教学过程监控，形成优良的教风和学风。

学生教学信息员采取督导室统一管理模式，由教学督导办聘任并进行日常管理。教学信息员是由各个班级的学习委员担任，他们主要负责整合本班教师上课的相关数据、建议和需求并提交给教育督导部门，以此来优化教学流程，增强教学品质。反馈方式可以是电话、电子邮件、书面形式等。教育监督办公室需要妥善保存学生的教务信息员的信息档案，包括他们从日常工作中获得的电子邮件记录、通话纪录、学期末的报告、基础信息的表格、各种调研文件、问卷等。学校管理者、各个部门和相关人员都应该鼓励并且协助这些学生教学信息员完成他们的任务，同时也要允许他们在不会影响学业的基础上开展这项工作。学生的教育资讯工作者主要任务概述为以下几点：整理与整合班级成员对于教师在教学过程中表现出的教学态度（教师的职业操守及行为方式）、教学策略、教学能力等方面的问题或建议；搜集和整理关于学校教学管理的看法和想法；迅速传递出师生的教学信息（学生的学习习惯、学习出席状况、课程场地变动详情、教授缺席的情况等）；每个学年需要提交两份《学生信息员课堂教学质量评估表格》，并将这些数据以电子邮件的形式发给教学监督办公室的电子信箱；领导全班同学参与相关教学主题的研究项目和问卷调查；快速地把相关的教学信息和处置决定传达到全体学生中去。

2. 完善听课评估制度

课堂教学是教学工作的主要环节，听课是对课堂教学质量进行监控的重要手段。为了能够实时了解教学现场的状况，对教师的教学质量进行全方位评估，推动教育管理者和教师之间的互动交流，强化教学风气和学术氛围的建设，持续提升人才培养的品质。

一般情况，高校听课评估制度规定如下：校领导、系（部）负责人、教务部、教学督导室等教学与学生管理部门相关工作人员、全体教师。听课采取随堂听课方式。除教学观摩课、公开课之外，听课前无须提前通知任课教师。

3. 构建教师教学工作相关评估与保障制度

首先，需要满足四个主要的教学需求：（1）坚定地遵循党和国家的教育政策，以科学的发展理念为引导，对党的教育事业充满热情，热衷于教育教学，成为学生的榜样，身体力行；遵守国家和地方的教育法律规定，尽职尽责地履行教师的责任，坚守职业操守；严格实施学校管理的规定条例，确保教学活动的顺利运行。（2）持续深入研究学科领域的专业知识，强化理论根基；熟悉本专业的最前沿信息，全面理解所有课程的标准要求；精心准备各类教学资料，积极参与并按期完成教学活动，保障教学效果的高品质。（3）掌握学习先进的教育理念，努力钻研教学业务与专业技能，掌握教育教学规律，提高教学能力；了解行业、企业发展现状及前沿动态；积极承担实训、实习、毕业论文（设计）等实践教学环节工作。（4）提升教育改革的认识，积极投入到教育改革中，探讨教育过程中的各类难题；重视培养学生的问题分析、解决技巧、实践操作和创新才能。

其次，积极参加教研活动和科学研究。确保教育品质的关键在于教师的专业素质及技能水平，因此，对于他们的资格和才能有明确的要求。具体来说，可以采用如下几种途径实现这一目标：（1）所有的新入职教师必须接受岗位前的训练，了解其教职责任并学习相关教育理念，同时开始逐步理解和应用教学技巧；在独自负责某项学科授课任务的前两年里，需要获得岗位前培训合格证明和高等职业技术学校的教师资格证。（2）新兼职教师及跨学科授课教师开课前均须参加课程归属系（部、处、所、院）组织的试讲，试讲合格后报教务部审批和组织人事部备案。（3）教授新课程的教师必须在预定的学科领域有所研究，并且已经公开发表过相关论文或出版过相关书籍；他们需要制订详尽的课程标准、教案和课件；只有当系（部）组织试讲并得到同行教师的评价，达到开课标准后，才能提交给教务部审批。面向全校开设的公共选修课程，新开课教师应本人申请，经系（部）审核合格后提交给思政部，参加思政部组织的试讲或说课，试讲合格后方有资格开课。课堂教学教学目的明确，教学内容充实，重点突出，条理清楚，系统性强；重视培养、锻炼学生的实践能力；精力旺盛、教学态度端庄；思维明晰，内容有条有理，逐步展开；用词规范、流畅，简练、生动；多媒体课件与教材内容紧密结合，具备科学性、技术性和艺术性；板书设计恰当，字迹整洁、图表美观。

再次，重视教学方法的研究和创新。强调引导式的教导，努力激发学生的求知欲望，提高他们的学习热情，增进教师与学生之间的沟通与合作；利用现代化的教学工具，提升授课效果。积极并有效地掌控课程进程；监控学生的出勤状况，要求他们遵循课堂规定。

最后，制定合理的评定规则。教师需要设计出合适的评分体系，并且有效率地执行它；每门课都应该努力寻找适应高职教育规则的考试方法，支持把进程性的评估和最终结果的评估结合起来作为学习成果评估的方式，同时也应赞成尝试面试、项目、讨论会和实际操作等各种不同的测评模式。

二、完善高校教学质量评估体系的建议

（一）完善在线教育制度建设

完善的在线教育制度可以有效防止不良条件对于远程教学发展的制约，从而提升其公正度和整体水平；同时，它也可以建立起这个框架，并进一步加强它的功能性和效率，以确保远程教学的高品质保证效果。所以，需要采取一系列措施来优化远程教学系统的建设，以便形成一种协作视角下高校远程教学高品质保证体系。

1. 完善多元协作的在线教育监管机制

虽然在线教育能够以网络为平台开展教导和学习任务，不需要实体课堂，并且相比传统方式更加灵活、方便，但是它仍然受到各种监督规则的管理，这些严密、科学的规章制度能确保所有参加者权益得到保护，并保证其执行流程的有序化，从而提高在线学习的品质。如果缺乏合适的管理机制，可能会影响到高质量在线教育系统的建立。因此，需要采取一系列措施完善多元的联合在线教育监管系统，以便在协作视角中创建高效的高

校在线教育质量维护框架。

（1）扩大在线教育监管的内容，增加指标数值弹性

对于高校而言，通过网络教学管理可以为其发展路径指明方向。基于复杂科学的基本原理，发现管理的内涵是多样的，当在建立相应的监督标准时，各种因素可能会表现出非线性和非单一因果的关系，并且这些因素随着个人能量、信息和物质交流的增长而变得越来越复杂，从而使监控的标准更加丰富多彩。所以，各层级的监督机构不仅应该关注到硬件设备及功能性设施，而且需要加强对教师的信息能力、课程质量、专业技术人员及其他方面的监测与评估，以充实在线教育的管理内容。

（2）加设问责条例，规范监管工作实施行为

实行远程教学需要多个参与者共同努力，而互联网的公开性和虚构特性则进一步提升了监督这些参与者行动的复杂度。同时，缺乏有效的在线教育监管机制也会增加保证教学品质的不确定因素。为了应对这一挑战，应当注重在线教育监管系统建设，以便更好地约束监督人员的举动，推动系统的建立。

第一步是让教育机构和其他相关部门一起改进在线教育监管体制，并在其中加入惩罚规定，这样就能加强对包括教育、资讯科技领域在内的各类监察工作人员的管理。

第二步则是强化学校的在线教育监管措施，因为这是实现网上教课和在线学习的有效途径。所以，还需要加强校园内部的在线教育监管规则的建设。

首先，政府必须根据国家政策目标和本地在线教育监管状况，召集教育及资讯科技方面的专家一同拟定一整套包含惩罚规定的高校在线教育监管规章；其次，各高校可以在现有的线下管理基础上增补更详尽的关于在线教育监管和处罚的规定，以确保他们能跟得上上级的在线教育监管要求，并且能够更加明确地界定教师和监察员的责任范围，提高高校在线教学质量；最后，信息化企业也需要参考国家的网络教学监督规定来设立自身的管理规章，以确保公司的内控部门及研究团队行为的标准化，提升产品开发的稳定度与实用性，保证互联网工具的高品质，从而对在线教育监

管体系作出贡献。

2. 构建多元参与的在线教育评估体系

近年来逐渐普及并发展的网络教学形式已经扩展到各个领域。然而在这个过程中，对于这种教育方法的具体评估标准和手段尚未完全确定下来，也没有明晰地规定如何衡量它的内容及所使用的测评设备等问题上。此外，由于缺乏多方参与者之间的有效协作与配合，使得现有的网上学习评定系统无法满足需求并且影响到整体的学习效果，因此需要创建一种更加全面、有效的互联网课程评分机制，推动建设基于合作视角的高校网络授课品质，保证框架结构。

（1）政府应当构建一个包含多方参与的在线教育评估体系

首先，教育部需要与工业信息化部、国家发改委等多个机构合作，对在线教育的各个发展阶段设定评估指标，并统一公布这些评估体系，以便更好地协调每个阶段的评估系统，确保在线教学质量达到预期水平，从而满足各种形式的支持政策的需求；其次，各级政府应该考虑到本地高校及网络教育行业的发展状况，邀请教育学家和信息技术领域的专家设计高校的在线学习评估方案；最后，根据不同的参与者角色，明确参与者在评估中的责任范围，并在评估规则中详细说明具体的评估方法和标准，提高在线学习的评估效果。

（2）高校应构建一个多元参与的在线教育评估体系

首先，需要聘请专业的教育学者来设计涵盖教师评估、校园监督者评定、学生评分和家长反馈的多维度校园在线教育评估体系，以此增加其评估效力并优化高校在线教育水平；其次，扩大校园在线教育评估的内容范围，以便借由多元化的评估项目推动各方间的协作，进一步改善在线教育品质保证的效果。所以，高校在线教育评估系统应该包括对教师授课的全面评估、对于校园管理的分析评估、对于专业技术团队的专业技能评估、关于学生的学业表现评估等，这样可以鼓励各个方面间更密切地配合与互动，确保高校在线教育的整体水准得到有效保障。

（3）在线教育关联企业应建立适用于企业内部的在线教育评价制度

在考虑到政府评估体系的基础上，在线教育关联企业应邀请教育专家和信息技术专业人士共同设计企业内部的在线教育评估体系，从多角度保证在线教育研究项目的科学性。

（二）多部门联合建立在线教育专业化人才队伍

在线教育评价监督人员、专业教师、信息技术人员是保障高校在线教育质量的关键人员，对于维护高校网络教学品质至关重要。组建这些领域的专门团队能提高远程授课的效果并优化其质量保证措施，同时也能充实高校网络课程质量保护系统的建设内容，强化系统结构，促进其实施。因此，需要采取多个机构共同创建一队专职于网络教学人才的方法，以形成基于协作视角的高校在线教学质量保护系统。

1. 强化多元参与主体的评估监管团队建设

虽然线上的学习方式给高校提供了方便的学习环境，但它也带来了一系列新的挑战和问题，特别是对于在线学习的评估与监管来说。尽管各方已经采取一些行动来解决问题并做出回应，但是许多学校的在线课程评估及监控的效果并不理想，并且一些学校忽视了多方面因素对在线学习的影响，妨碍了基于协作视角下高校在线教育质量保证系统的建立。增加多种角色参与到评估和监察团队中可以有效地克服这些障碍，同时也能满足系统建设的需求，促进其发展。所以，必须加强多样化角色的评估和监察团队的建设，创建高质量的在线教育质量保证系统。

第一，扩展人员来源渠道，增加评估监管人员数量。为了构建由多方参与者组成的在线教育评估监管团队，必须重视人力的获得方式及人数问题。为此，有必要创建有效的在线教育评估监管工作人员共享体系以拓宽人力获取路径，增加评估监察员数量，从而强化多方参与者的在线教育评估监管团队建设。就政府角度来看，各部委应当运用在线教育评估监管工作人员共享系统，加强上层教育管理部门、高校及其他组织间的评估监察员交流，使在线教育评估监管团队中的成员更加多样化，最终达成增强在线教育评估监管团队的建设目标。与此同时，借助完善的人力资源共享平台的支持，在线教育评估监管团队能够提升自身的评估监视视野，进一步改善高校在线教育监管策略，提升在线教育评估监管团队的工作效率。对于学院方面来说，可以通过地区政府协助与有关公司、小区合作设立在线教育评估监管工作人员共享系统，以便加深多个评估监察单位间协作程度，增加校内员工、关联公司员工及社区居民间的互动，提升信息的交换频次和效果，由此形成包含多种评估监察单位多元协同的高校在线教育评估监管团队。

第二，优化在线教育评价监管团队的成员配比。根据现有的情况看，这个级别的高校教育评估和监管团队所提出的意见能够提高高校网络教学的效果，并且也可能影响到未来网络教学的发展方向。因此，这种类型的评估和监管团队对于网络教学来说是至关重要的。为了进一步改善自己的评估和监管团队的能力，还需要增设更多不同领域的评估和监管专家及外部的评估和监管专家，以便于完善自身的评估和监管团队的人数配置，提高网络教学评估和监管的专业度，确保网络教学的评估和监管效果。从学校的角度出发，学校内建立的多方共同参与的评估和监管团队应通过调整家长代表、学生代表、社区代表及网络教学相关企业的代表人数来优化网络教学评估和监管团队的比例，这样可以扩大评估和监管的角度，增强网络教学质量保证的作用力。此外，其他组织也需要优化网络教学评估和监管团队的人数分配，增强评估和监管的影响力和作用，确保高校网络教学的质量。

2. 构建拥有专业在线教育技术的教师团队

高校在线教育的进步有赖于专业教师团队提供支持，具备专门网上授课技巧的教师群体能够提升网授课程的高品质，并有助于推动高校线上课堂高品质保证系统的设计和建设。所以，需要采取有效措施来培养教师的技术能力，激励他们尝试新的教学方法，打造一支拥有专长网络授课技术的教师团队，从而形成高校网络授课高品质保证系统。

（1）开展在线教育技能培训，提升教师信息素养

教育部可以通过和多个相关部门协作来制订提高高校教师信息素质的计划，并且协同举办增强高校教师信息能力的教育训练项目，助力于建设专门从事在线教育的专业师资力量。首先，应该在该计划里规定所有教师必须参与技术学习活动的频率，以便他们更全面地理解在线教育的基础知识，从而提升他们的信息素质；其次，依据各区域在线教育的发展特性及

其各种类型学校教师的信息技巧状况，协助教师把握网络课堂的主要点，提升使用电脑工具的能力和讲课水平；最后，在这些教育训练活动中加入评估体系，用以加深课程内容，稳固各个类型教师运用信息技巧的学习效果，进一步增大在线教育品质保证的力量。

（2）推动教师采用在线教学方法，增强他们的教学能力

构建一支具备网络授课能力的教师团队，不仅需要对他们进行相关技能的教育和培训，而且需要激励他们在教学方法上有所突破，保证远程教育的品质。首先，各级教育管理部门、学校和其他组织需向教师提供有关网络课程的相关资讯，以便于他们获取创新的学习资料；其次，各类型的网上学习中心应当协同举办高校教师关于网络教学实践经验分享会议，给所有类型高校教师带来新的启示；最后，高校及其他组织必须给予教师适当的机会去展现他们的教学成果，以此激发教师尝试新颖的在线教学模式，同时提升其在线教学能力，促进在线教育教师团体的形成。

（3）增加在线教育专业教师的选拔

为了构建一支具备专业在线教学能力的教师团队，需要进一步扩大对于优秀教师的选择和招募工作，确保高质量人员的供应。首先，教育部应该增强对优秀教师的挑选标准，采用跨地域招聘拥有在线教育能力的专业教师的方法，保证专业的师资力量；其次，教育机构应当与当地教育管理部门协作，提升在职教师的在线教育评估等级，依据评级情况筛选出优秀的候选人，从而为组建专门的教师团队提供支持；最后，各地区的教育局可以开展合作，提高在线教育专职教师的选聘频次，鼓励本地区教师学习在线教育的技术知识，推动建设高素质的在线教育教师群体。

3. 建立由多个部门共同参与的信息技术援助团队

为了确保在线教育的健康持续推进，需要依赖高素质的技术人员提供全方位的支持。建立跨学科合作的信息科技团队不仅能提升各方之间的互动频次，而且能强化对在线教育数据收集和分析利用能力，并有助于打破制约高校网上课程建设效率的问题。所以，采用这种方式是创建出基于协作视角的高校网络授课质量保证系统的关键手段之一。这要求要形成多元化的跨学科合作的信息科技团队，为此，有必要重新配置专业的信息技术

工作人员，以便达到人才的丰富性和多样性。

对于教育管理的机构来说，其信息技术的支援团队不能仅由该单位自身构成，还需要包括学校的教师和在线教育公司及研究开发企业中的信息技术专家。这种对成员结构的扩展可以使主管机关更深入地理解在学校或其他非校内教育机构所面临的技术难题，从而提高他们技术指导的专业水平；也可以增进与这些企业技术领导者的沟通，进一步增强他们的信息化引导技能。

从校园信息化团队的角度来看，尽管他们能够协助处理和保持各类信息的硬件设施正常运行并执行常规任务，但是引入其他行业的专家将会有效地减轻他们的负担，带来全新的视角，优化的网络教学环境，从而提高其安全性和稳定度。因此，应该增加外聘人员的数量，以便构建一支满足高校线上学习发展的科技服务团队。

三、我国高校在线教育发展过程中政府责任定位

（一）我国高校在线教育公平的观念责任

为确保高校网络教学的健康发展，有关文件规定了在线教育必须要达到的硬性要求。这些规定的设定使得高校教学质量得到基本保障，且有明确的标准限制，不允许低于此标准，而高校在线教育只准高不准低。在此基础上，考虑到利益需求，政府推行个性化选校策略。

（二）我国高校在线教育支出的财政责任

由于高校网络教学对我国科技与教育的振兴策略及普及知识的重要性有着深远影响，同时它也为每个社区成员和个人机构提供了支持，因此，国家需要承担起对其投入的财务责任。这种责任可以从两方面体现：一是通过直接向学校提供经济资助，推动其研究和网络教学的发展；二是鼓励公众和社会企业参与到这一过程中来。明晰政府在这方面的责任分配后，既能加速高效率网络教学的进步，也能缓解政府自身的财务负担。

（三）我国高校在线教育保障的服务责任

政府需要为高校在线教育的进步提供协助与保障，包括前期政策推动、中期财政援助及后期知识产权维护等多个方面的工作。由于高校网络

教学模式很大程度地依赖于电脑科技和互联网技术，因此，这些技术的提升也间接促进了其发展水平。首先，政府需积极引领并扶持相关技术的研究进展，制定激励创新的政策措施，同时也要鼓励科研团队和个人参与其中；其次，当研究经费出现短缺问题时，政府应当主动分担部分费用支出；最后，一旦研究者取得突破性的发现，政府必须授予他们相应的专利权，确保他们的知识产权得到充分保护。所有这些都体现了政府在执行对高校在线教育提供服务职责时的具体行动。

（四）我国高校在线教育管理的监督责任

为推动高校在线教育的有序发展，政府负有监管这些措施实施状况的义务，不仅包含着对方案实行后的实时监控，确保问题的快速解决，而且涉及到监察那些参与管理高校网络教学相关人员的合法行使职责，保障在线教育能得到全方位的法制保障。

四、我国高校在线教育发展中强化政府责任的对策

（一）加大在线教育政策的供给

丰富的在线教育政策除了规范和保护网络教学活动中的个人行为外，还能提高其效率并保证高校在线课程的高品质。由此可知，在线教育政策的供应对它的发展有重要影响。如果在线教育政策供应充分，它就能强化在线教育质量保障系统的结构，从而推动其实现。所以，政府机构和其他相关部门需要进一步扩大在线教育法规的覆盖范围，推出更多关于教育财务的多方合作政策，增设更多的跨部门协作的专门针对在线教育的规定，以建立起协同视角下的高校在线教育质量保障系统。

提高在线教育法规保障不仅可以填补法律法规规定的空白部分，扩大学生和教师获得合规保护的机会，而且对线上教育人员和监管人员的行动进行约束。此外，这也有助于加强在线教育的实施效果，确保其品质得到保证。另外，加大网络教学的支持措施也能打破高校在线教育质量保障系统建设过程中的障碍，从而建立起所需的系统。所以，政府和其他相关部门应该联合起来，大量推出网络教学的相关政策。

1. 增加在线教育专项政策

首先，各级行政机构需要充分考虑我国大学生的学习习惯和网络授课教师的技术能力等因素，进一步增强在线教育的专门政策设计工作；其次，各省市应当结合本地区的在线教育状况，拟定一系列适应当地在线教育发展需要的政策文件，从而提升政策供应规模，完善基于协作视角下的高校在线教育质量保证系统的建设架构。

2. 提高在线教育财政政策的发布频率

首先，对现有的教育财务法规进行修改和完善，增强其有效性和高质量。例如，可以增加关于学校网络基础设施更新条款到线上的教育金融法案中去；其次，调整在线教育资助的比例，明确这些款项的具体用途；最后，把在线教育的运营支出包含进公共开支里，从而提高高校公共经费的标准。

3. 出台成熟的在线教育准入政策

首先，教育部需要携手工业信息化部及商务部等相关机构，针对我国网络教育的现状，制订相应的要求标准，提升在线教育法规供应数量；明确规定网络教育公司的审查步骤、公司资格证书申请过程、确定行业资源选择和评价方法，从而优化网络教育进入规则的内容。其次，各地区政府需配合具备条件的多方参与者，根据当前在线教育管理的现有法律，制定满足当地需要的在线教育准入政策，对公司及其附属网站的产品经营和管理活动加以约束，增强高校在线教育支援措施的提供能力，加速在线教育质量保证系统的建设进度。

（二）从网络角度加强对在线教育的认识

1. 不断推广移动互联网技术

网络科技进步不但给我国的教学方式带来了更多可能的技术支持，而且扩大并深化了现有教与学的范式。这种技术在实际应用中具备显著优点，能适应学生的个人差异及多元化的需要，打破传统的课堂时间和场所约束，给予他们更广泛的选择权。此外，在构建高校在线教育平台时，可以把此技术作为核心理念，借助多种推介手段保证学习的实时性，有效推进信息的合理分配使用，从而增加学生和其他参与者的选择余地，提升高校服务的品质和效能，助力高校在线教育发展。

2. 完善网络教学支撑平台

为了创建高质量的网络教学环境，政府必须付出大量的物资和资金。此外，在建设这个教育网站时，应关注其内容限制，并根据教育的实际情况来优化和升级各网络节点，增强它们之间的互动能力，持续改善服务的品质和效能，以便更好地满足学生需求。网络教学环境的搭建还需要基于学生的需求，向他们提供个性化的教学资料，积极解答他们的所有疑问，确保他们在积极的学习过程中不断提升自己的整体素质。同时，教育部也在考虑目前教学方法的问题，致力于提高教学质量，完善服务标准管理和发展策略，以此实现两套系统的整合，把线下教学支援系统与教学质量监测系统结合起来，打造一个科学合理的网络教学支撑平台。

（三）健全社会化服务体系

随着市场的进步和成长，社团组织的角色日益重要且彼此间的影响不断增强。这种互动关系不仅推动了各行其道的专业团体向前迈进，而且助力我国整体的市场增长和社会稳定性的提高。各个行业的联盟对其所属领域能助推资讯公司业务能力的升级，强化他们同其他公司的交流并保证管理的优化。当前阶段，行政部门正采取全面策略改进支持在线教育的健康进展，确保该项教学模式可以基于自我革新作为基础构建相应的产业服务平台体系。此外，各种专业平台也能推进社群结构的高度整合，从而高效地执行管理工作任务。

1. 创业辅导和信息咨询服务

办学机构在成立之初往往遭遇诸多挑战，如可能对国家的高校教育管理的优惠措施不太熟悉，也未必能充分理解当前的教育状况。在此种社会情境下，政府需要给予这些新的教育组织更多的支持和指导，以适应他们的具体情况并构建相应的辅导系统，确保他们在最短时间内进入正常运营状态。此外，部分高校在经营过程中缺少专业的法务人员，不能有效地利用法律法规保护自己的利益，导致很多权利受到侵害，所以政府还需要为它们提供相关的法律援助服务。

2. 创建人才开发服务

在我国教育模式改革和实现人力资源优化配置的过程中，高校在线教育必须将事业发展置于核心地位，并积极借鉴现有的人力资源支持体系。在形成高校在线教育人才开发模式的过程中，必须以目前的高校在线教育发展情况为基础。从目前来看，仅仅依靠高校在线教育办学机构建立人才培养机制将面临许多困难。因此，高校必须根据在线教育平台的实际情况，在政府的引导下突破传统教学模式的不足，充分发挥自身优势，实现人力资源的优化配置和利用。高校也可以积极利用各种优惠政策，通过有效配置和利用各种教学资源，以及举办各种培训班，推动高校在线教育教学模式的创新，为专业技术人才的培养提供更多智力基础。高校还可以组织优秀的办学机构通过国外考察，积极学习发达国家在高校在线教育过程中的管理机制和发展模式。另外，对于高校在线教育办学机构和相关服务机构来说，必须注重提升专业培训水平和人才交流水平，在政府的引导下不断提高自身的管理水平。

（四）优化资金支持

在教育改革的进程中，政府扮演着关键角色。高校在线教育离不开政府的强力支持。政府有能力为这些机构的发展提供更多的智力和资金援助，确保高校在线教育改革的过程中解决自身的各种问题。

1. 大幅度增加对高校在线教育服务机构的财政援助

为了推进高校在线教育的经营单位进步，政府可以给予他们更多财务援助。这种方式适应当前时代的需要，拥有广泛的发展前景，能有效地吸引各类企业参与其中，从而持续推动高校在线教学业态的发展。此外，随着国内经济增长，高校在线教育已逐渐根据其具体情况与现实需求相结合，并在政府指导下解决了融资问题。然而，对于私人运营的教育机构而言，获取国家和地方政府的财政支援和支持并不容易。当高校在线教育逐步走向市场化时，这些学校也在寻求新的突破口，并把重点放在如何利用高校在线教育来助力我国教育事业的发展上。

2. 优化教育资金分配结构，扩大高校在线教育发展的筹资路径

首要任务是推动教育资金配置结构的改善，构建并健全政府向各类型的高等学府、培训中心及教育组织提供的各种支持过程中，应坚持以民意为主导，注重针对性地服务于优势学校，确保弱势人群能得到更多援助。

同时，也应制定一系列优惠措施，以便更有效地保证公众享有平等受教育的机会。在我国推进高校网络教学的发展模式中，政府可以从整体角度对其给予专门的支持，但是对于经济发展尚有待提升的小城镇而言，其资助程度相形见绌，故而需要通过地方行政机关的指导，持续增强支持力量，努力改良落后的区域环境，为高校网络教学工作打下稳固的基础，减少城市与乡村间的差异。此外，还需要积极拓宽高校网络教学发展的筹款途径并创建新的体系。对那些以营利为主导的教育组织而言，因为他们是商业化的学校，所以很难得到政府的大力支持和资助。这些学校的初期建设中自身的能力仍有提升空间，且他们的运营体系尚存缺陷，使得他们在申请国家级认证时面临困难。这种类型的学校如果想要扩大规模并提高质量，就需要从政府那里获取更多资金的支持，包括创建新的融资制度来拓展他们的筹款途径。此外，政府也应给予他们额外的税收减免和其他激励措施，以便吸引公司和社会资本投资于此类学校的发展。

（五）完善政策体系，建立法律扶持

1. 构建专门的法律规定，设立监督体系

应该重视在线教育的现实状况，努力推进专一性的法规建设，融合社会的进步和时代发展，把法规建设当作核心的任务来做，使社会能在国家的法规指导下不断自我管理其发展的行动，确保行动的标准化和科学理性化。作为在线教育实施过程中的关键手段，法律能有效地控制参与者的活动，从而达到监管网络教师的行为，保证网络教学质量的目标。所以，还需要采取一些关于在线教育相关法律的策略，强化协作视角下的高校在线教育质量保护系统的构造框架，协助达成要创建的系统目标。

2. 结合地方实际，完善地方立法

我国的人口较多，各地区发展不平衡，在推进高校在线教育的地方法律体系优化过程中，必须根据当地实际状况来制定相应的法律法规。

五、不可忽视在线教育发展过程中的规范性问题

在线教育行业在我国发展迅速。我国在线教育行业中，高校在线教育

是非常重要的一部分，然而相较于整个行业而言，高校在线教育机构所占比例并不大。其中，有在线教育行业针对客户群体细分的原因，毕竟高校在线教育的主要针对群体是本科生、研究生、教师及成人教育群体；还有一部分原因在于高校自身的局限性。很多高校大学生为了全面提升自我素质、获得更好的职业教育或为应对未来的社会生活，会在高校在线教育之外购买其他高校或是社会组织、教育企业提供的在线教育服务。因此，对高等教育来说，涉及面扩至全社会在线教育行业发展中的规范性问题也会对其产生影响。

（一）在线教育失范的主要表现

1. 行业失范

我国在线教育行业自身缺乏规范标准集中于以下三点：市场环境、办学资质和费用。从市场环境的角度来看，虽然每年在线教育的大小与使用者数量都在不断扩大，但是数据下掩盖了不良竞争的现象，如欺诈性的广告推广、盗用商业秘密等。大部分在线教育代表更注重利润而非产品品质，使得在线教育已经远离其初衷；从办学资质的角度来看，尽管线上教育机构数量持续增加，但是其中有许多是低劣甚至不合格的产品。这种对巨大经济效益的追求，加上监管不力，使得大量不合格的教育机构进入到这个领域中来；至于收费方式，则呈现出一种预先收款的高额策略。

2. 恶意竞争

当将重点放在营销和增长时，质量和服务的问题更容易出现，导致在线教育逐渐偏离其本质。应当明确的是，在线教育只是一种依托互联网和大数据的手段和方式。因此，在线教育企业必须遵守教育纪律和法律。当然，虽然在线教育不是慈善事业，需要盈利来推动市场的持续发展，确保在线教育行业多样发展，但是在线教育有其独特的本质内涵。如果不真正回归教育本身，在线教育无法永远保持热度，也无法持续吸引冷静思考的广大用户。

3. 门槛过低

我国高校在线教育的发展受到监管缺失的影响，这是阻碍其健康和秩序发展的主要问题之一。对于线上的学习机构来说，有关部门在审核、备案、监管缺位。由于准入标准较低，一些不符合要求的代理商得以趁虚而入。给我国高校在线教育生态带来了负面影响，对于促进国内在线教育的稳定与持续进步不利。

4. 课程失范

作为在线教育的关键组成部分，在线教育课程（产品）的品质至关重要。目前，我国关于在线教育的法律法规还不够完善，使得缺乏有效监督的在线教育领域存在着一定的监管真空。许多在线教育推广者利用这个机会，借助一些技术的支持和在线教育资源迅速进入在线教育市场，试图在我国不断发展的在线教育市场上获得一分份额。这种现象导致国内在线教育的产品质量良莠不齐。

对广大在线教育消费者而言，高品质的在线教育课程和产品是最重要的，同时也是社会所需的高质量在线教育。然而，有些学校提供的在线课程和产品质量并不理想，他们通过营销策略吸引学生注册。另外，某些在线教育产品不仅课程和产品质量不高，而且在移动设备上表现得尤为突出。

5. 服务缺位

在线上学习过程中，教师的专业技能、网络授课内容及品质都起到了关键作用，同时，在线教育的教学支持也会对学生的学习感受产生一定的影响。这种支持被称为教育辅助服务，它涵盖了从课程研发到教师培训，再到教材供给、工具提供、场所安排乃至招收学生等方面的工作。具体来说，线上的教学支援涉及到招生接洽服务、课程与产品的研究和服务、技术设施使用、教学指导服务、售后保障等。招生接洽服务承担起了推广并迎接新学生的责任，避免夸大其词，真实且热情地为新生提供服务能让他们感到愉快；对于课程和产品的开发服务而言，它的重点在于如何设计和制作这些材料，更合理的课程和产品设计可以提高他们的吸引力；至于技术设施使用方面，系统的稳定性和操作流程会影响到学生的在线学习习惯；而在教学辅导服务中，他们作为线下教师的助手，能够维持课堂纪律并且解答他们在完成学业后遇到的问题。

（二）在线教育失范的主要原因分析

1. 立法机关认识滞后，法规缺失

"互联网+教育"所产生的线上教学模式是一个新兴领域，与传统的学校教育相比具有独特之处。因此，无论采用何种方式对其进行监管，如使用互联网规则或是教育规定，都无法完全覆盖其所有方面并确保其正确运行。为了实现这一目标，必须制定一套专属于在线教育的法律法规，以指导其健康、有序的发展。然而，目前国内关于在线教育的法律法规非常稀少，而且缺乏明确的规定。

2. 在线教育企业过度逐利

尽管在线教育的核心仍旧在于教导，但是其形式却是在线。因此，需要确保在线教育的标准化，也就是保证通过互联网开展的学习活动符合标准。这实际上就是关于如何管理和优化学习过程的问题。重点关注的是学校资格认证、教师素质、教材品质及服务质量等方面，同时也会涉及一些如互联网、数据分析等技术的应用方面。然而，当前我国在线教育市场的趋势更趋向于商业化，与教育的初衷有所背离。

3. 行业标准难以制定

未设立行业准则使得对于商品的标准与品质无法达成一致要求，这势必会导致行业的成长停滞并不能够达到社会及公众需求。同样地，在线教育也应该遵循这个原则来制作他们的线上课程。但是到目前为止，国家还没有针对在线教育特定的规定，因此，它仍然处于一种混乱的状态中持续增长着。在线教育所面临的问题都在呼吁建立起自己的行业标准。由于在线教育是一个特殊的产业，相比其他公司来说，它的教育性质和商业特性决定了在线教育行业标准不容易被确定下来。第一，各种类型众多，经营方式各异，服务的人群也有很大差别，如果不对这些进行合理划分，就很难制定适合在线教育需要的行业标准，把所有的在线教育都包括进去；第二，因为在线教育的涉及面很广泛，所以在制定行业标准时需要考虑到不同地区的特点；第三，现在仅仅有一些在线教育机构提出了自我约束的规定，并且参加这样规定的机构很少，这就给行业标准的制定提供了基本条件；第四，在线教育的核心在于教育，在制定行业标准的时候一定要既能保证教育的公益性又能照顾到企业的利益。

4. 在线教育形式多样，难于管理

在线教育的种类繁多，按照业务领域划分，有语言教育类、K12阶段教育、考试考证培训、技能提升和成人学习、公务员考试与出国资讯、分类信息与门户服务、教育信息技术服务、儿童兴趣培养与早教、营销与推荐服务、在线学习工具等；按照传统的商业模式划分，有B2C模式、C2C模式、平台、社区、视频网站、搜索引擎、门户、网络媒体、移动App和单纯的网络内容提供商等。按照在线教育模式划分，有平台模式、会员模式、垂直领域、直播互动模式、1对1模式、O2O模式、freemium模式、B2B2C模式等；而其盈利模式有内容收费、增值服务、软件一次性收费、对进驻平台的教育机构收取佣金、广告模式等几类。可见，在线教育过于多样化。

由于在线教育的形态繁多且各异，实施有效监管势必需要对其进行分门别类的处理。这种策略被广泛应用并证明是行之有效的，即通过识别事物的共通特性来划分它们，然后为各类事务制订相应的管理策略。然而，基于各种分类标准，在线教育可能呈现出多种形式，所以哪一种分类能带来最优的管理效果尚无定论。另外，对于在线教育的教导与商务管理界限模糊，导致单一主体的管理偏颇也增加了其难度。如此一来，线上的多元性和复杂性使得管理变得更加困难，从而影响到实际执行的效果，这也揭示出在线教育存在规范缺失的现象。

（三）规范我国在线教育的建议

1. 与时俱进，加强立法，完善教育法规

在线教育的健康发展需要得到法律法规的支持，也就是要在法律层面上被视为合规，这是一个必要条件。这个观点包含两个层面：一是在线教育要符合法规；二是如果它违反了法规，就应该受到惩罚。只有这两者相结合，才能满足在线教育合法性的要求。作为一个新兴的外部制度化的组织，在线教育必须获取合法性和法律保护。合法性是在线教育存在的先决条件，也是其长期发展的必需保证。

根据在线教育的特点来看，网络上的教导和学习是通过虚拟平台提供的，这是一种以私人投资为基础的社会组织，因此也可以被视为一种教育辅导中心，并应将其归入非公立学校管理的范畴中。然而，由于"在线"这一特性，线下的传统私营学校法规对在线教育来说可能并不完全适用。因为它是基于"互联网+教育"理念产生的新型教育方式，与普通网页或应用程序有所区别，具有教育性质的同时又超越了一般意义上教育的形式，没有固定的空间场所，教师和学生不受时间和空间的约束。因此，现有的互联网管理和文化传播的法律法规也不适用于在线教育。对于在线教育来说，无法将其简单地归纳为一种模式或类型，而是需要有针对性的在线教育法规以确保其合法性。随着现代社会的不断发展，传统的课堂式教育已经不再能满足人们的多元化需求，再加上互联网技术的飞速提升，推动了大众对在线学习的热衷度。但是，一些非正规的在线课程却令许多人感到不满和失望，因此，建立一套完善的在线教育体系并加强法律保护变得越来越重要。

理想中的在线教育应该遵循合法性和合规性的原则，所以需要紧跟时代步伐，增强立法工作，优化教育法规体系。唯有持续更新并适应当下的环境变化，吸收新的知识，承认新的成就，制定新的规则，才能让法律保持长久的影响力和活力。同时，在线教育作为一种随着科技进步而发展的教育方式，也同样需要这种与时俱进的精神。因此，强化立法工作，完善教育法规，并将在线教育纳入其中，这不仅是保障在线教育依法行事和遵守法律规定的关键步骤，而且是推动在线教育健康发展的必要手段。为了实现这一目标，需要对在线教育的资格认证、课程设置、教学效果、研发能力、师资力量、学费支付及退款、终止协议等方面加以限制，确保在线教育的有序运行和良好发展。

2. 提高认识，严格监管，优化教育环境

在线教育并非法律边缘地带，其中一贯要求的是严格的管理制度，然而相关部分对此理解不够深入，导致管理松散，这是在线教育混乱的主要原因，所以必须提升认知水平，加强管理，改善在线教育的环境。

在法律法规出台之后，实施的关键在于各部门的执行与监管。监管是为了确保执行的效果和强度，起到管理的职责和推动作用。目前的监管机制主要由政府部门、社会团体和个人组成。一旦在线教育的法规发布，它的执行情况和结果就需要被监管来加速推进。单靠某一方面或某个团体的监管可能无法达到理想的结果，但多个方面的联合监管可以实现优势互补，从而更有效地完成全方位的监管工作，增强监管效能。因此，为了加强对在线教育的管理，必须关注政府的监管、公众的监督和社会第三方的评价，努力促进这三者的协同合作，让各方都参与进来，建立一套完善的在线教育监管系统，推动在线教育的有序化进程。

对于在线教育监管系统而言，公众监管的主要任务在于评估教师资质、课程质量、学费收支等方面的情况并提出意见与建议。相比之下，政府机构执行更多的则是管理责任，它们通过法律权力来推动在线教育做出改进。需要注意的是，为了充分发挥政府监管的作用，需要明确定义各相关部门的责任范围，同时加强各部门间的协作，以便更好地实施政府监管。关于在线教育的教学质量评价，即使是由同一位教师用相同的教材向多个学生授课，每个人的感觉也会有所不同，有些觉得他的教学很好，有些人却持相反观点。为了处理这个问题，需要依靠政府的力量来实施公众监管，并组织相关的专家和相关部门对在线教育的教育品质等进行监控审查。此外，必须把第三方评估纳入在线教育监管系统里。作为一个独立的观察者，第三方评定是在线教育的认可机构。有权力和公正性的第三方评审可以被视为在线教育质素的"守护人"。通过结合公众监督、政府管理和第三方评估的三方力量，可以共同构建在线教育监测评估机制，以确保在线教育的标准化进展。所以，除了制定和完善在线教育的法律规定外，还应该创建一种由政府监管、公众监督和第三方评估联合起来的在线教育监管系统，严密地控制在线教育的发展，改善在线教育的环境，使其更加有序化。

3. 设置底线，回归本质，兼顾各方利益

对于那些过度关注扩张规模并忽视品质的在线教育企业来说，它们更注重吸引客户群，而不是优化用户体验或提升教学成果。这种过于商业化的行为已经远离了教育的核心价值，因此必须设定它们的利润上限，对在线教育企业的财务状况实施监测，确保它们能重新聚焦于教育的基本问题，如质量的重要性，同时也需要平衡各种利益相关者，如学生、教师和公司本身。这些利益相关者包括：学生的需求（也就是消费者的权利）、教育教学质量的需求以及公司的收益。保护消费者权益是在线教育持续发展的重要基础，提升教育教学质量则是在线教育长期成功的关键因素，而且在线教育企业有权追求一定的经济效益也是在线教育可持续发展的必要条件。

（1）保障在线教育用户的权益

在线教育的特性决定了它是一种以提供服务为主导的行业，其中涉及三个主要参与方：政府部门、在线教育制造商与使用者（学生）。这些角色之间形成了供给需求的关系，从而产生了关于消费者权利的问题。简而言之，当消费者支付费用并获得特定的产品或者服务时，他们可以在指定时间内合法地行使自己的消费权。然而，如果他们在在线教育的学习过程中发现了质量低劣或是虚假宣传的情况，并且试图退款却被拒绝的话，那么他们的消费者权力就会受到侵害。

相较于商家来说，消费者属于相对弱势的一方。若某个企业或者行业的长时间严重伤害消费者权益，那么它必定无法长久生存下去，同样适用于在线教育领域。所以，维护网络教学用户利益的重要性不容忽视，既有助于改善在线教育市场的生态，也有助于提升网络教学品质。通过确保消费权利并实行公正竞争，能够优化在线教育环境。另外，这也会推动学生的学习进步，从而为整个社会带来益处。

（2）提高在线教育的质量

众多要素可能影响到线上学习的品质，如教师的教育能力、课程与服务的质量、在线学校的运营状况，等等。实际上，核心在于学习本身，即如何管理教育过程，重点关注的是资质认证、教师素质、课程内容及服务质量等方面，而非如互联网或数据分析等科技层面。所以，本书主要就这几个关键点提出了提升网上授课效果的策略，以便更好地监管我国的在线教育环境。首先，需要建立一套合格标准来审核的在线教育机构是否具备合法经营权限。"三证"（网络视频许可、教师资格证书和办学许可证）是审查我国在线教育机构的重要依据。办学许可证是一个培训机构获得营业执照的关键凭证，也是判断其是否有资格开展业务的标准之一。对国内在线教育机构的资质审批，要严加控制，设立进入门槛，这是确保我国在线教育健康发展的第一步，不容忽视。

（3）严格把关在线教师从业门槛

近年来，我国在线教育市场的体量与参与者数量不断扩大，频繁出现的课程品质争议主要集中在师资力量方面。教师的教学水平是决定课程水准及学习成果的关键因素。如果教师的能力不足，就会导致课程质量下降甚至完全失效。这部分问题的根源在于对于在线教师的要求过低，无法确保所有在线教师都能够达到合格的教育水平，而且现有的标准尚未完善，所以有必要设立一套严谨的入职流程。这套流程应该明确规定拥有教师资格证书作为招募的基本条件，还需要评估他们的实际授课技能。这样一来，就能有效地控制住在线教师的就业门槛，避免那些没有资格证书的人进入到岗位中来，真正保障学生的利益。

（4）加强在线教师培训力度

教师是在线教育的核心组成部分，他们的教学质量决定了学习成果并间接地影响学生的成长。因此，应该高度重视他们的工作能力和发展。为了实现这一目标，应当视教师培训为关键任务。需要改革现有的培训方式，如采用远程教育来提高教师的能力。与传统学校教育不同的是，教师通常在一个校园里共同工作，方便组织的培训活动。但是对于分散于全国各地的在线教师而言，这种方法就不适用了。因此，针对那些地理位置相近的在线教育机构，除了注重教师的学科知识和心理健康外，还应对每个教师的不足之处给予特别关注，制订详细的教师集体和个人培训计划，并保持定期的培训频率。针对分布在全国各处的线上教学组织，可以实施网络授课的方式为教师提供训练。这种方法具有两个优势：首先，教师无需频繁地前往总部接受培训，从而减少了交通费用及时间消耗；其次，让这些在线教师以学生的身份体验在线学习的全过程，能有效提高他们自身的在线教学能力。然而，仅依赖于网络培训是不够的，由于地理距离的原因，很难及时发现并解决教师的不足之处，因此还需要定期线下培训。总而言之，加大对在线教师的教育投入，提升他们在网上的教学质量，能够使在线教育更贴近教育的核心价值。

4. 加强研究，制定标准，确保行业规范

各行各业的发展，都依赖于行业的标准化管理，缺乏行业准则的领域就很难实现全面成长。然而至今，我国尚未建立起专门针对在线教育的行业标准，导致在线教育仍处于未被约束的状态下持续增长。在线教育所面临的问题都在强烈地要求这个行业需要自我监管的标准。所以应该加大对在线教育行业的研究力度，制定出相应的行业规定以保证其有序运行。

深入了解各类在线教育机构的管理状况及其发展的实际情况，在此基础上参照他们的自律约定，形成一种更为广泛、有深度并且富有策略性的总纲领。此外，还需要考虑到进入门槛、运营行为、授课内容、产品质量、收费标准等多种因素。只有解决了这些问题，才能使在线教育行业标准逐步成熟起来。不过，无论采取哪种方法去设定这种规定，都应当基于现实的需求，把培养人才作为核心原则，同时确保在线教育的长期健康发展。

5. 认真梳理，构建平台，降低管理难度

在线教育之复杂多样使其难以管理，这是在线教育失范的原因之一。因此，需要认真梳理在线教育并合理分类，并构建在线教育管理服务平台以降低管理难度。

首先，应该利用现有的不断发展的校外培训监管平台，建立在线教育管理平台，或者是在已经建成的外部培训监管平台上创建新的在线教育模块，把所有符合规定的在线教育机构整合到这个模块里去，包含它们的资格审核结果、教师的资格审核结果和其他关键的信息。搭建在线教育管理平台不仅能使在线教育的改进过程更加透明化，而且能方便地管理所有的在线教育机构，让在线教育的学生能够更全面地理解各种在线教育机构，从而挑选出最适合自己的在线教育方式进行学习，使得原本零碎的在线教育信息变得有序且易于管理与监控。其次，每个在线教育机构都有它们独特的吸引力，因为在线学习的受众是不同的，所以所需的教育资源也各有所异，并且每一个在线教育学生的信任程度对于某个特定的在线教育机构来说也是不一样的。因此，我国在线教育领域自己也需要一个权威的认可机构。我国在线教育领域的官方认可机构应由政府主导设立，它的主要职责就是确认在线教育机构的资格、师资力量、课程品质、产品质量、教学成果等方面的情况。当在线教育组织向这个评级公司提交评估请求时，该公司会对这些组织的资质进行审核并公布审查结果。通过评审且符合标准的会被列入网络学习管理的平台中；未达标的则需要接受改进意见和建议。作为一个独立的第三方机构，它具备一定的客观性和可靠性。然而，若出现偏颇或欺诈行为，必须对其追责。这种官方认可的教育机构是网上学习的"检验器"，有助于加强在线监管工作。

第三章　我国高校提高在线教育质量创新探索

第一节　我国高校在线教育质量的短板分析

一、网络教学资源不足

作为在线教育的核心要素，又是提高教育品质的重要因素，教学资源的丰满度直接关系到网络授课活动的个性化能力，其质量高低则会影响信息的传输效率，进而影响人们对于网络教学的接受水平及成效。在开展网络教学项目初期，我国已经投资大量经费来构建远程学习的网络资源，并且已取得一定的成果。然而现有的网络教学资源仍然无法完全符合远程教育对学生培训的要求。虽然资料数量庞大且全面，但是优秀的教学材料不多见，更重要的是，大部分教学内容都是从文本教材中复制而来的。这些内容的更新速度较慢，缺乏创新性和原创性，更多的是在模仿其他学校的做法。虽然许多学校有远程教育资源需求，但是在实际操作过程中都独立进行，花费大量的人力、财力和物资去创建网络教学资源，未实现资源共享，导致各校之间的教学资源重复使用，不仅阻碍了网络教学资源的共享和优化整合，而且浪费了社会资源。

二、教师队伍在适应现代网络教学方面存在不足

随着互联网教育的普及，教与学的关系正在发生转变，这要求教师具备更全面的教育技能，包括掌握现代化教育科技、制作适于线上授课的多

媒体课程内容，并参与课堂的管理工作，引导学生在网上交流互动，并对他们的学习成果给予评估和反馈等。目前，大部分在线教育教师都是从传统的教师转型而来的，很少有专职负责网络教学的人员。因此，应对网络教学的需求显然缺乏足够的师资支持。面对这一问题，如何有效利用现代信息技术来整合教学资源，已经成为众多教师所面临的主要难题和挑战。

三、教学观念没有改变

尽管一些高校已经开始实施在线学习，但是仍未完全接受并应用新的网络授课理念及现代化教育科技于实践课堂上。他们错误地以为，只要把传统的面对面讲解转化为多媒体展示，从教师与学生之间的直接对话转变为线上交流，就能大幅度增强教学效果。实际上，采用新颖的教育科技并非仅仅是替代传统教学方式这么简单，这会引发对教学思维、教学模式和教学策略的重大变革。若高校教师无法更新他们的教学观点，那么他们很可能无法创建高品质的课程内容，并且不能有效地开展大规模且优质的在线教育活动。

四、网络教学过程中师生缺乏交流，学生评价反馈少

为了确保在线教育活动能够实现其目标，高校必须建立并使用一整套评估系统和评估工具。在教学过程中，评估及反馈是非常重要的环节。当前，大多数在线教育的评分以客观题和简答题为主，缺少针对具体情况和解决具体问题的训练。通常情况下，部分在线教育平台只提供答案而不解释原因或者给予指导，使得学生无法准确理解解题思路。主导型问题回答式的主观试题，主要关注的是学生对知识点掌握情况和重新组织的能力，而不是他们解决问题的能力。此外，这类测试通常依赖人工批改，导致学生难以立即获得反馈，从而影响他们的学习积极性。

五、在线教育相关机构的人力资源共享机制不完善

（一）人力资源共享机制的不完善导致了员工供应的减少

基于协作模式的教育质量保证系统旨在确保网络教学的高效性和高质量发展。为了实现这一目标，高校必须从多个角度思考如何优化这个系统的结构，包括资金、政策等方面的投入，也需要关注人力因素的重要性。相关部门应该更加注重招聘人才的方式，以便能充分利用每个人的特长，从而有效地支持网络教学的执行。然而，如果人力资源共享机制不够完善的话，优秀的人才选拔就会受到影响，导致人力不足的问题出现。

第一，若人力资源共享机制不完善，不同机构的优秀教育专业人员、管理人员和技术人员无法在各个机构之间流动，不仅会使在线教育管理能力较弱的机构的工作质量降低，而且会阻碍在线教育发展势头良好的机构拥有进一步壮大的机会，从而制约在线教育高质量发展。更重要的是，机构之间的人力资源共享机制不完善，还会削弱人员之间的合作效果，进而影响人员保障机制的构建。

第二，如果人力资源共享系统存在缺陷，一些组织的专职员工人数就会减少，从而影响协作效益，反过来对系统的建设产生负面影响。所以，人力资源共享系统问题导致的工作人员供应量下降，可能会妨碍基于协同视角下的高校网络教学质量保证系统的搭建。

（二）不完善的人力资源共享机制加重主体间沟通的难题

首先，实行在线教育不仅依赖于高层领导的监管，而且需要各相关部门的支持与配合。故此，加强各部门间的交流互动至关重要。然而，如果人力资源分享系统不够健全，那么各部门间的信息传递频率将会大幅度下降。

其次，如果人力资源共享体制不够健全，就会导致各个管理者在设计相应政策规则时仅关注自身利益，从而可能产生监督漏洞或重复监督的问题。这种情况可能会增加各管理机构和管理者的交流困难，降低协作的可能性，还会对建立基于协同视角下的高校网络教学质量保证系统产生不利影响。

最后，如果人力资源共享制度不够健全，就会导致各组织在选择管理工具时参差不齐。一旦所选用的监控及评估工具存在显著的差距，其相应

的监管策略和评判方法也可能存在差异，从而产生争论并加大多方交流的难度。虽然这样的分歧和人际冲突有可能吸引一些研究者的注意，推动网络教学的研究发展，但是若这些问题被忽略或者没有得到妥善处理，不仅会妨碍协同视角下的高校网络教学质量保证系统的建立，还会给网络教学带来负面影响。所以，当人力资源共享系统不足以减少主导对话障碍的时候，它就会阻碍协同视角下高校网络教学质量保证系统的建立。

六、联合机构的在线教育资源共享制度尚未完善

高质量的数字化内容与信息技术设施是网络教学发展的关键因素，所以建立线上学习环境的高品质保证系统需要依赖于这些高质量的互联网资源来增强系统的效率。为了实现这个目标，高校必须同时加强各个部门的技术装备，并且确保有良好的在线课程分享制度支持，这样才能增加获得优质内容的途径，提高多元参与者的使用频率。根据这一逻辑，如果在线教育资源共享制度没有被优化的话，它可能会对整个系统的建设产生负面影响。

（一）在线教育资源共享制度不健全将减少资源获取渠道

就机制优势而言，健全的在线教育资源共享制度不仅能够全面缓解各类企业数字资源建设的压力，提高在线教育的质量，而且能够帮助在线教育综合实力较弱的学校在数字资源建设方面减轻压力。此外，健全的在线教育资源共享制度还可以通过大数据分析，帮助教育行政部门了解师生信息资源检索的区域，从而更好地为优质资源的推送指明方向。当该制度不健全时，不仅无法展示上述优势，还会减少资源获取渠道，增加各类机构资源的获取难度。对于高校网络教学质量保证系统的构建而言，这无疑是一个巨大的障碍。

从多方参与者的角度来看，如果网络教学质量保证系统不够完善，那么它会削弱各方的交流途径与资源的获取方式，导致一些组织只能依赖自身力量建立相应的数字化资料库。然而，这对那些自我研究实力相对薄弱的机构来说是一个极大的挑战。由于资源获取道路受到阻塞、资源获取难

度增加等因素的影响，这些组织可能会丧失继续推进在线教育的动机。这种观念和资源获取方法一旦固化，就会打破这个系统的建设环境，限制数字资源通道的发展，从而也会对基于协作视角下的高校网络教学质量保证系统的形成产生负面影响。

（二）在线教育资源共享制度不健全将减少应用资源数量

与传统的线下授课相比，在线教育的实施更加依赖数字化资料。高质量的数字化材料可以保证学生学习的品质并增强他们的学习感受，同时能激发互联网专家开发基于这些优秀资源的项目，从而促进远程教育的持续进步。所以，在建立高校网络教学质量保证系统的过程中，我们不能忽视对优质资源的支持。然而，多种利益相关者共同参与的在线教育资源分享制度不完善，可能会导致各方难以有效补充所需资源，增加了一些重要资源流失的风险，同时降低了学生的学习体验。这种状况的发生不仅会使教师和学生获得更多优质资源的机会减少，而且会影响高校网络教学质量保证系统的建设。

如果在线教育资源共享制度尚未完善，那么各个参与者的协作效益就无法充分发挥，他们只能从特定地区获取适当的资源，这会导致各种类型的组织拥有的高质量资源的总量下降。有限的数字化资料可能会削弱网络教学质量保证系统的影响力，同时，持续缺乏足够的数字资源也会无形中弱化多方合作的精神，加大多方合作的难度，并提升在协作视角下建立高校网络教学质量保证系统的复杂程度。因此，相关组织的在线教育资源共享制度的不完整会对协作视角下的高校网络教学质量保证系统的建设产生消极影响。

第二节　从教学资源角度提高在线教育质量的创新探索

一、高校在线教育教学资源的类型

（一）电子邮件

作为一种依赖于电子设备的信息传递方法，电子邮件是最普遍且被广泛使用的互联网服务之一。凭借其经济实惠的费用和极快的传输速率，无论发往何处，它都能仅支付上网费用即可完成，使得全球各地的网络用户能够轻松地互相沟通。电子邮件支持多种格式，包括文本、图片、音频等。在在线教育领域，电子邮件已经成为教师和学生之间最为常用且完善的技术工具。它的优势在于迅速的传播能力、易用性和较低的成本，同时拥有大量的潜在通信者、多样的内容选择及高度的安全保障。因此，在当今的教育环境下，电子邮件为在线教育提供了丰富的学习材料及服务类型，如发送电子版教材、远程指导、问答互动、评估反馈、讨论平台、共享学习资源等。

（二）电子公告牌

电子公告牌是互联网上的电子信息服务平台，为公众提供共享的数字白板功能。任何使用者都可通过此平台发表观点或者传递资讯。这种方式被广泛应用于在线教育环境中，教师能通过该平台上传授课资料并对其中的关键概念进行深度解析，同时可以引导学生参与特定议题的探讨与互动。学生也可以借助该工具向某个他们关心的或是存在疑惑的问题提问或讨论。此外，教师也能根据学生的回复频率、回应内容等因素判断他们的学习状态及其对于所学内容的理解程度；学生则能在这样的过程中互相交换意见，借鉴他人的见解以便更有效地吸收新知识。整个流程非常接近传统的教室教学模式，唯一的区别就是其发生在网络世界里。对比传统的教育方式，互联网论坛的一个优势在于其所有的学习资源均存储在一个中央数据库中，这样便能有效地激发学生的自我驱动能力并让他们自由掌控学习进程和节奏。他们可以在任何时候，重复阅读或参与到这些对话当中去，而且这个过程中的一切都可以被回溯查看或者重新开始以达到同步化的效果——这是符合远端在线教育需求的一种理想模式。此外，随着技术的发展进步，许多网站已经超越了一般的功能范围，并且提供高级的服务选项来加强它跟邮箱之间的连接关系；无论是在小组内部还是外部，人们都有机会访问该系统，就像使用移动电话那样不受时间的约束也不受地理位置的影响，从而为实时教学活动创造更多的可能性和便利条件。

（三）网络视频会议系统

网络多媒体通信系统是指通过传输线路和多媒体设备，让不同地方的个人或群体进行沟通交流，实现即时互动的目的。另外，网络多媒体通信系统还可以满足人们异地"面谈"需求，实现在线教育、远程医疗、网络营销、可视化协同办公、异地面试、客户远程支持等。在在线教育中，网络多媒体通信系统通过网络媒介让学生进行视频交流，声音和图像同步传输，实现了真实课堂的再现。该系统允许不同地点的小组或个人参与，并具有交互性，可以实现语言、图形、图片、视频、数据等的传递和交流，以及跨越时空的"面对面"教学。相较于其他科技环境，网络视频会议系统更符合人们的传统学习方式和行为模式，对教育活动有所推进。因此，这项技术经常被应用于组织双向视频教学和在线协同学习或讨论。

（四）即时通信系统

这是一个允许用户在网上创建个人交流空间的实时通信工具。大多数即时消息传递服务具有展示联系人的功能——包括他们的存在情况和是否有权限与其对话。当联系人加入即时消息传递平台后，会向所有相关人员发送提醒，从而使得他们能够通过互联网立即展开互动。相比于传统的电子邮件，即时消息传递服务的优势在于无须等待回复，也不需要频繁地点击"发送和接收"按钮。只要两人都在线，就可以如同面对面通话一般，以文字、文件、音频或图片的形式互相传达信息，不论彼此相距有多远，即使身处地球的两个角落也没有问题。

二、影响在线教育的教学资源使用原因分析

（一）教学资源难以满足需要

线上授课的主要教辅材料包括各类文章书籍、多样的媒介素材及依托互联网的教育资料。这些资源中存在的问题主要是缺少足够的优质在线教育资源。通常情况下，这类教育方式会以课程为基础单元，整合该课程的所有相关信息并全部呈现给学生，让其自行挑选需要的内容来学习。然而，当前的情况显示，有些课程提供的学习材料并不够多样化，甚至部分课程仅依赖于纸质的主导教材（书）为主要学习材料，这种做法明显与在线教育理念相悖，难以调动学生的主动性和兴趣。尽管某些课程也提供了

网络的视频教程，但是大多数只是一次性地把原本的书面知识点转化为视觉化的文字，这是对基础知识的单一复述和堆砌，讲解教师常常只会机械地念诵课本，使得课堂变得单调无趣且缺乏针对课程内容的引导和解释，导致学生的学习目标模糊不清，无法实现师生间的互动和沟通，同时，多数教学内容都是直接从教材上"复制粘贴"过来的。

内容的过时程度较高且更新速度较慢，创新元素稀缺而仿制品较多。目前，适用于线上学习的应用程序与教学平台仍在试验研究阶段，并且尚未成功地将教育内容与网络科技融合在一起以达到最佳效果。同时，各高校间的资源构建也出现了冗余现象，尽管国家已经开始推行现代化在线教育项目并强调"实现跨越时空的教育资源共享"，后来又进一步提出要"建立起资源共享的形式和运行机制"，但是各大高校在开发在线教育学习资料库的时候都是独立进行，并未实行资源共享，使各类学校的教学资源出现重复建设的情况。此外，因为缺少监管，一些学校并没有按照教育部发布的现代在线教育技术规定来搭建网络学习资料库，所以其网络学习资料采用不同的技术标准，这也阻碍了在线教育资源的大规模分享和优化整合。

（二）教师认识不足

尽管许多人已经投入大量时间来管理并参与线上教务任务多年，但是他们的观念仍然受到旧式学校运行模式影响。他们在处理在线教育授课时并未充分理解其独特之处，仅仅是把线下教室里的方法直接移植到互联网上。因此，他们并没有收到理想的教育效果，也不能满足现代化知识传授理念所要求的灵活性和开放性。

（三）教学支持服务力度不够

对于在线教育的学生来说，他们自小接触的是传统的教室授课方式，教学过程中主要由教师引导并控制学习的全过程，学生则被动地接收知识。这样的教学方法优点在于能快速地让学生理解与掌握大量的知识及技巧。然而，它的缺点也同样明显，即长时间依赖教师的输入使得学生逐渐丧失自主思考问题的能力，缺乏积极探求新知的动力。所以，当这类学生开始在线教育后，如果面临学习难题，他们的第一反应就是寻求教师的帮助。若教师未能迅速回应，他们可能会感到困惑、无助，进而陷入学习困境。遗憾的是，现有的在线教育平台在这方面的工作做得仍旧不足，无法满足每个学生的个人需求，导致一些学生难以适应网络教育。

三、提升教学资源的建议

（一）提高关怀性

影响服务质量的最重要的因素是关怀性，这也反映了教育在服务行业中的特殊性，意味着学生希望被关注，希望得到适当的关怀。高校在线教育机构定期提供考试信息和考试提醒及及时帮助，可以让学生感受到被重视，并对高校在线教育机构产生情感认同。在改进关怀方面，高校在线教育机构需要更加确保学生感受到被重视。首先，建立完善的学生档案，让学生在咨询、提问时感受到被关注；其次，在趣味或技能性考试中给出恰当的建议，在学生缺乏信心时给予足够的鼓励和帮助，推荐相关教材和练习题，介绍本机构提供的有帮助的课程。

高校在线教育机构的教师可以在工作流程中做一些调整。教师在与学生交流时可以查阅数据库信息，根据数据库信息提供有益咨询。机构对教师推荐的课程内容进行学生反馈调查，评估教师推荐对学生面对的考试和学习是否有帮助。提升在线教育服务的关爱成分是非常关键的，因为它占据了学生感受服务体验的主要部分，这进一步证明了它的核心地位。这种关爱体现在学生同高校在线教育平台的互动之中。这是加强学生忠实度的重要手段，也能促进用户黏性的增加，从而间接提高高校知名度。因此，增强关爱意识，不仅是优化服务品质和消费者忠诚度的有效途径，而且是减少高校在线教育平台运营成本的核心要素。

（二）重视回应性

服务品质的另一个关键要素便是回应能力。这也是一种在服务互动时迅速做出反应的能力，表现为服务者积极主动地协助学生处理线上学习、询问和注册的问题。同时，它在学生学习的进程中表现为应用软件、暂停课程、转换课程或退出课程等程序性问题的反馈速率。此外，学生在学习中有任何困惑并寻求解答的时候，能否获得及时且有效的帮助也是衡量机构回应能力的标准之一。机构回应能力的提升也可以推动教育服务业的不断进步。

（三）保障软实力并补全短板

确保在线教育的稳定性和高效利用是机构的核心支持因素，主要体现在设备软体的可靠性和效率上。为了提高教学体验，高校在线教育机构需要大量资金和物资来构建直播型的学习环境。对于学生来说，他们是否能够从课堂中学到知识取决于他们的上课感受，因此，机构必须注重对教师授课过程中的清晰度、音频质量等方面的优化。

在大数据时代，机构若能够迅速且精确地确保信息的更替与完备度并提供具有特定指向的信息，那么将会大大提升服务的可信度。无论是线上教学领域还是其他网络相关产业，"内容的价值"已经得到许多人认同。就线下学习而言，"优质的内容"主要表现为其提供了高质量、富有深度及条理化的课程材料；其授课方式具备明确的目标性和实用主义精神，使学生拥有有效而愉悦的学习体验。此外，"优质的内容"还表现在教师有着扎实的专业基础和丰富的实践经验上。"优质的内容"已成为众多高校或网校的核心竞争力所在，如名师的加入往往能让一些学校或者培训机构获得更多公众瞩目，并为其带来更多的经济效益。因此，各大高校之间的师资力量竞争日益白热化。

（四）增加教学资源的趣味性

趣味性在每个年龄阶段所占比重是有所不同的。对于高校网络教学公司来说，它们需要专注于课程的设计环节，确保内容具有层次感和可完成的小型任务，当学生完成这些小任务时，他们的地位会提升并享有高级别才有的特权和更大的挑战机会。同时，困难的学习项目将会带来更高额度的奖赏。这能让学生体验出克服难题后的满足与自豪之情。此外，高校网络教学公司应定期为学生提供各种类型的激励措施，让他们真正感到付出的辛勤劳动得到了相应的回报。这种方式不仅有助于加强他们对学校的归属感、忠诚度，而且契合教书育人的核心价值理念。同时，高校网络教学公司也需要设定易达成的基本分数标准，如促进学生积极参加课堂讨论或准时出席活动，帮助学生养成良好的习惯，让他们在面对自我挑战的时候更加勇往直前。

四、加大在线教育共享资源的建设保障

高校在线教育的高品质依赖于优秀的人员团队和信息技术设施，特别是共享型的信息技术设备。扩大对在线教育共享资料的开发可以增加获得这些信息的概率，提高远程学习过程的顺畅度，打破协作视角中高校网络教学质量保证系统的障碍。此外，扩充在线教育的共享资料也可以提升其保护机制的能力。所以，高校网络教学公司必须进一步加强在线教育共享资料的开发，以便创建基于合作视角的高校网络教学质量保证系统。

（一）多元主体合力开发出优质的共享型数字资源

获得高质量的数字化资料对于确保高校在线教育的品质至关重要，然而其成本仍然是一个主要障碍。虽然政府已经设立了同步交互式资源平台以降低引进高质量资源的高昂费用，但是这个平台并不适合所有学校使用，而且某些科目的数字化资料供应依然有限。所以，增加对高质量资源的使用频率已成为保证在线教学质量的关键点。多方共同创建和分享高质量的数字化资料可以有效地解决问题，增强高校网络教学质量保证效果，并且有助于突破协作视角下建立网络教学质量保证系统的瓶颈，推进这一系统的发展。因此，高校网络教学公司需要采取多种方式联合创造和共享高质量的数字化资料，以便构建出一种基于合作视角的高校网络教学质量保证系统。

1. 教育部需要加强和各有关部门的协作，创建高质量的网络学习资料库

首先，教育部应该协同相关机构了解高校在线教育中资源利用的情况，以便找出哪些部分有不足之处并增强其针对性和有效性；其次，教育部应当同各级教育局一起挑选优秀的教育家、高级教师、在线教育精英及研究人员，为打造高品质的学习资料打下坚实基础；再次，教育部需配合相关部门选择能够承担大容量在线教学项目的信息技术公司，确保内容质

量过关；共同审查由筛选出来的教师创作的内容和来自企业的编写材料，保证这些在线教育共享资源的合规性、准确性和实用性。最后，教育部须携手其他部门实施该共享型数字资源的试点运行，并在完成相关的科技检测后将其投入使用。

2. 高校应联合其他有能力和资质的机构进行共享型数字资源的开发

为了优化和丰富数字化学习资料，高校需要与相关学校、外部组织及具备承担在线教育项目的公司合作，共同创建共享式的数字资源库。首先，利用这个平台去充实那些非核心课程，如语言、数学和外语等领域的数字化教材，从而平衡各个领域的学习材料数量；其次，要构建一种能提高所有科目教师网上授课技巧的数字化资源，这样一来，无论是身处偏远地区的还是对互联网知识掌握较少的教师，都可以通过这种方式获得更多的在线教育资源；最后，增设各区域的电子版本教材目录，扩大优秀资源在校内应用的可能性。

（二）合作创建开放式的技术资源库

鉴于学生及教师必须借助特定的网络工具来完成在线教育任务，所以确保这些工具稳定的科技手段对于在线教育的进步来说是至关重要的。建立由多个部门共同构成的技术资源共享中心有助于扩大优质技术的数量，也有助于促进各方的协作，从而清除制约高校网络教学质量保证系统形成的障碍。因而，为了创建基于多方协作视角的高校网络教学质量保证系统，高校应该携手各个单位共建开放式技术资源库，加强各部门间的合作，以便增加创设技术资源的可能性。

政府需承担起组织的责任，协助信息机构建立交流渠道，从而加深各机构间的合作关系，为打造开放式的技术资源库奠定基础。拥有强大信息技术的机构应当起到示范带头的作用，主动地与其他信息机构展开合作，加快构建开放式技术资源库。

技术能力相对薄弱的各单位可提出相应的要求，促使技术力量更强的公司联手创立开放式技术资源库。一旦各大强有力的信息化机构达成一致，进行合作之后，它们不但能够助力参加者提高信息技术水平，而且能够助推那些未加入供应方的公司提升他们的技术，最终为高校在线教育提供质保服务。首先，依据各类型组织的技术专长，充实和完善开放式技术资料库的内容。大学生的信息素质参差不齐，一些学生可能无法熟练地使用该平台，导致搜索时间增加，同时影响网络学习的效果。所以，开发者必须对平台的系统功能做出调整，如通过强化各个连接间的切换效果、删除多余的功能、加快系统运作速度等方法来优化它。其次，要丰富并加强平台的兼容性特质。第一种方式是向开放式的技术资料库添加关于如何优化软件兼容性的指南，有助于提高产品与其他设备或应用的兼容度，避免因系统崩溃而导致的退出问题，从而保证网络学习的品质；第二种方式是把测试运行程序的使用说明放在开放式的技术资料库里，方便公司更好地利用这些资源。最后，在开放式的技术资料库内加入系统后端监视技术，便于公司的电脑信息能够更有效地管理他们的系统，迅速发现潜在的安全隐患，进一步提升整个系统的整体运营效率，最终确保在线教育的高质量发展。

（三）建立健全信息化共享设施

高校开展在线教育需要依赖于信息化基础建设，搭建信息化共享平台可以满足各类用户对于硬件的需求，增强教师和学生网络学习的效果，并能弥补欠发达地区的信息技术不足之处，减少城市与乡村之间的信息设备差异，提高远程教学的公正度。此外，此举也有助于强化基于协作视角的高校网络教学质量保证系统的构建元素，使其更完善。所以，我们有必要采取措施以创建出基于协作视角的高校网络教学质量保证系统。

1. 增强多元主体的协作力度，加强共享型设施的建设

高校需要加强各方参与者的协同工作，并大力投资于公共资源的构建，包括对网络教学所需的硬件设备及配套服务设施的需求。政府可以通过与相关公司联手的方式，大量投放共享式电子设备，设立能同时容纳多人使用的共享信息化阅览室，或创建带有私人空间的共享信息化自修室等形式来扩大公共资源的规模，从而为高校网上授课提供实体的物质基础。此外，这些共享设施的优化也会提高网络教学使用者的感受，特别是对于那些生活在偏远地区的使用者来说，他们会受益更多，这样可以保证网络

课程质量，进一步促进高校网络教学的发展。

2. 发挥主体协同优势，增加信息光纤和信息基站的安置总量

高校应利用主导者协作的优势来提高信息光缆和信息基站的数量。高校要成功地开展远程教育，除了依赖必要的硬件设施外，还需要有良好的互联网速度作为支持。更快的通信速度可以在某种程度上有助于优化在线教育的效果，确保其教学品质，同时能解决一些偏远地区网络信号连通不良的情况。所以，政府部门应该携手有关的信息技术公司，扩大校园及公共场所的光纤安装规模，加强偏远地区的基站建设，从而使偏远地区的学生在家中顺利进行网上学习的可能性得到保证。

3. 深化政府与社区之间的协同合作，以加强社区中公共服务区域的设施建设

需要加强政府与社区间的紧密配合，以便提高校园外教学空间设备的完善程度。因为学校教师及学生的校外网络授课地点主要就是社区，为了建立起基于协同视角的高校网络教学质量保证系统，我们有必要进一步强化社区与政府的互动，优化社区内公共场所的基础设施配置，从而推动高校在线教育的发展。所以，社区可以积极地与政府展开对话和协调，通过讨论制订计划的方法，增设或者替换社区内的共享资源，扩大公共服务的覆盖范围，为在家学习的师生提供更为稳定的学习场地，进而确保高校在线教育取得预期的成效。

第三节　从现代技术角度提高在线教育质量的创新探索

一、网络教学综合平台建设，有利于培养学生自主学习能力

网络教学综合平台是一种利用电脑网络技术的工具，其设计旨在适应各种教学方式和各类受众的需求，为其提供可变通、开阔且适用于多种层次、多个目标群体及多元网络环境的互动学习支持系统。该系统的构建包括专业的创建、课程的设计等部分，主要围绕着"课程教学"这个中心点

展开，覆盖教师信息、团队状况、课程介绍、教学计划、视频讲解、自我评估、建设汇报、发展策略、额外资料、教学方案等多种元素，从而实现信息的数字化分享，扩大在线教育资源库，增强网上交流互动，并扩展学生独立学习的领域。

在线教育系统向教师提供了一个虚构的教育场景、互联网授课设备及师生的交互区域，扩大了课程教育的范围，并能把教师的教学素材进行整理和分享，让教师有能力按照章节对教学内容进行总结和融合，并且实现教师间的教学文件互换，使教学元素更为丰富且多元化。这个教学方法打破了时间和地点的限制，增进了教师和学生的沟通，同时成为一种有效的路径来储存和使用教师个人的教学素材。对于学生来说，他们可以在线上获得更多学习的可能性，构建出真实的课堂环境，打造轻松愉快的学习气氛，让他们能够积极地投入到学习活动中去。此外，它引入了一种新的教学方式，最大限度地运用现代信息技术，为学生创建自我驱动和创新思维的环境。

二、利用现代录播技术，促进优秀教学资源的建立和分享

高校应该坚定地把改良教学方式及工具放在提升学生的独立学习能力基础之上。加强关键学科的构建，调整授课内容，重视理论与实践相结合、知识与行动相融合的个性化教育模式，建立优秀课程分享网络作为提高教学水平的关键途径，使用录播技术来制作并播放高质量的教育素材，如公开的视频课堂、精选课程或讲解型的多媒体教学材料等，实现教师教育的目的，从而进一步提高教学品质。

三、精品资源共享课程建设

为了提高课程品质，精品资源共享课教学团队应对现有课程资料进行全面梳理并重新组合，使课程结构更明确、模块划分更科学，且能更好地突显其优点。此外，这个课程也可以被非校内的学生使用。这种方式充分

利用现代科技工具，给学生提供便利的学习途径，让他们不再受制于特定的时段或地点，可以自由地挑选时间，高效地吸收知识，并且能够广泛地传递出去，实现优质教育资源的公开与共享。与此同时，该课程的内容也会引起同行的注意，有助于推动教育理念的优化、内容的更新及教法的改进，从而大幅度提高人才培育的效果。

对于教学质量评估来说，录播室的主要任务是负责精品课程、活动的拍摄工作，同时需要定期录制所有课程，也就是每个教师必须去录播室录制至少两节课，然后把它们做成视频放在网上，这样学生就可以随时随地看回放。除了用于学生自学之外，还可以用来和其他人交流或者由教学监督人员对他们的教学水平进行评定。教师们可以通过观看直播课程来观察彼此的教育方式，从而学习优点和改进不足，以激发他们追求卓越并共同进步；教育监督者可以随意选择时间、地点在线观摩任何一门课程并对之做出评价，这些评论会立即反映到教学系统中；教师也可以利用该系统向监督者提问或分享意见。

四、利用教务管理系统，提高教育和教学的品质

教育行政管理体系，是通过B/S架构的管理系统模式，结合互联网技术，构建了一个用于各校教育管理的平台，协助其对教育管理系统实施有效的控制，使用单一账户来满足学校的所有教育需求，同时允许学校根据自身需要自主挑选合适的教育管理软件，实现个性化定制。这种方式具有显著的效果。该教育管理信息系统能够高效地整理大量的教学数据，生成有用的信息，并在学校内迅速传播分享，使全体教师与学生能够及时获取教学进展及学生的学业状况等相关资讯，方便用户下载或打印相关文件，让学生能在任何时间地点查看个人成绩单。此项技术的研发与运用极大地促进了各种教育管理工作向科技化、现代化的转变，节省人力成本，提高工作效益，提升教学管理能力，推进教育创新，优化教学品质。

五、校园网络布线为现代教育技术提供保障

构建校园网络对于推进教育革新、改善教学控制流程及提高教学品质至关重要，因此，我们必须对校园网络的发展和使用给予足够的关注。同时，增加校园信息化建设的投资预算，扩大校园网络的出入口容量，打造技术领先、结构精良、安全稳健、高速顺畅且运作高效的多功能校园电脑网络。此外，还应该实施包括课程管理、实验器材管控、求职资讯处理、生活辅助信息调控等多项子系统的信息科技化管理和服务。各个学科领域、行政机构、辅导组织都应当设立自己的网站，并在其中公布与教学、行政相关联的文档和数据，便于教师和学生查找。

六、建立电子图书资源为学生独立学习创造机会

馆藏文献资源和电子图书资源建设是为了配合学校的教育理念及专业而设立的，是一套由各种专业书籍组成的文献系统，包括其他社会科学和自然科学内容，这其中也包括实体收藏品和在线电子书库。这个系统的建立旨在提供充足的文献支持，满足学校的教学和研究需要，同时能够推动数字化图书馆的发展，提升其核心功能，并且持续强化各个学科领域图书资料室的资源储备，从而提高文献信息的保护水平。

总而言之，高校通过应用现代化教育科技工具于各个教学阶段，成功打破传统单一学科教师独立作战或分割战斗的情况，防止教学资料的无谓构建与消耗，并创造出新的教育方式。与此同时，教学工作变得更加高效且便利，激励着教师更积极地投入到教学工作中去，提升学生的自我学习能力，从而显著提高教育的整体品质。

第四节　提高我国高校在线教育质量的建议

一、创造智慧家庭办公学习环境

（一）在线教育系统的基本构成和功能架构

在线教育系统的基本构成包含教师在家工作与学生在家里学习的元素；其功用构造则是由数码资料及设备构建的。这些数码资讯涵盖视讯通信工具，如网络研讨会程序、社群媒体应用程序等各类网络授课方式，还有电子版教科书都属于这个范畴。硬件部分则是计算机主机的桌上型机器或是笔记型的便携装置，加上智能电话和平面显示器，以及绘画用的触控屏幕都是必要的装备。

（二）家庭学习环境的现状

在家庭学习中，学生可能会因为环境的改变而错误地操作网络设备，严重降低他们的学习效率。另外，学生需要独立学习，缺乏必要的学习资源，如学习空间、高速网络和在线学习方法。

（三）创造智慧家庭学习环境的对策

构建智慧家庭学习环境，需要学生有自主的学习空间，这个空间应具备优秀的隔音效果。此外，根据家庭的网络状况，配合使用适当的设备，以确保在线教育能够顺利进行。

二、提高在线教育质量的策略

（一）做好在线教育的准备

为了顺利地开展在线教育活动，学生需要完成一系列任务。第一步是学会如何利用各种在线学习的工具与技巧，以便能够迅速满足在线教育的需求；第二步是要逐渐习惯于在家中的网络学习模式，并能有效应对角色转变带来的挑战，把更多注意力放在线上学习上，防止分心导致学习效果受阻的情况发生；第三步是在课程开始之前，教师应该清晰地阐明教学目的，引导学生依据这些目标来制订他们的学习计划。比如，在教授初等代数时，教师通过互联网提供丰富的学习资料，可以让学生更全面、深入地了解及掌握这个主题。

（二）在线开设基于设计思维、创客和OBE理念的金课

相对于传统的教学方式，在线教育需要教师具备创新思维。教师需要利用创新思维重新组织线上教学内容，充分利用互联网技术，并采用新颖的教学模式。这样一来，学生便可以在线上积极地与教师互动和交流。通过这种互动和交流，教师可以获得学生的学习情况，并根据实际情况优化教学内容。学生对学习内容会更感兴趣，从而激发他们主动学习的欲望，确保他们在在线学习中提高整体学习水平。

（三）善用直播教学经验和技巧

在网络授课的过程中，教师需要主动掌握并实践各种网络授课的方法和策略，才能逐步累积出丰富的在线教育经验。关键时刻，他们可以通过这些方法调动学生的求知欲望，让他们在学习过程中心情愉悦，增加对在线教育的参与度与专注力。

（四）增强在线教育的交互性

在网络授课环境下，教师需要提升其在线教育的互动元素，使学生能有效地同教师在网上沟通并参与讨论，推动更多人分享他们的学识见解，并在这种对话氛围里维持积极的学习态度，同时激发他们潜在的创造力。他们在谈论的过程中能够阐述出新的创意想法，进而让更多的人了解和认识到他们的存在，也借此机会在远程学习中提高自身的技能水平，有利于全方位培养学生的综合素质。

（五）通过手机软件开展在线教育，保证教学质量

开展在线教育，保障学生的学习。为了保证一定的教学质量，教师可以建立班级在线教育群，把学生的家长拉进群里，在群里布置课后作业，要求学生完成后在线提交。

（六）制作微课视频，提高复习有效性

为了提高在线教学效果，教师不但要完成教学任务，而且要采取科学

合理的手段，帮助学生做好复习，巩固好所学的知识。在线教学期间，教师不能直接对学生进行指导，需要培养学生自主学习能力。部分教师倾向于让学生做大量习题以达到预期的成效，然而这可能会导致学生承受过大的负担并引发他们的抵触情绪。在此情况下，教师可以通过微课程，辅助学生完成复习任务。教师应紧扣课本内容，找出关键点与难题点，将其转化为微课程后发给每个学生，让他们独立观摩、自我学习，以便更深入地理解和掌握这些知识点，从而提升教学效果。

第四章　我国高校在线教育的未来展望

第一节　高校未来在线教育的高质量常态化发展路径探索

对于高校而言，在线教育的常规化进程意味着它已经形成了以高质量且长久发展为主导的新形式、新结构和新环境，这同样代表着从传统的或非正常的模式向新型稳定模式转换的动态历程及成果。这种状态下的表现通常较为理想，具有强大的驱动力和有效的运作体系，产生的效益能够长久保持并且逐步增强。

一、高校在线教育常态化发展的路向

（一）发展理念指导思想

1. 对接国家战略

高等教育机构是科技创新的主要驱动力，是人才储备和创新活力的关键连接点。在线教育具有技术性显著、涉及面广、革新价值强的特点。高校在线教育不仅影响着高校的教与学的发展进程，而且对重要战略规划的顺利执行有着重要作用，因此，我们必须从积极支持服务国家战略的高度扎实推进高校在线教育常态化发展。

2. 支撑引领高等教育信息化建设和教学变革

有学者指出，在线学习是撬动课堂教学改革的支点。利用现代信息技术进行在线教育，对于高等教育的改革和信息化建设起到了孵化、支持和引领的作用。

3. 以学生及其学习为中心

学生是在线教育的第一主体，学习是在线教育的第一任务，学生学习是在线教育的原点，学习成果是评价学生在线学习情况的重要标准。以学定教是在线教育的基本要求。以学生和学习为中心、以学习成果为导向，有利于促进学生个性化学习、激发学生学习源动力、增强学生学习的自主性和自适应能力。

4. 促进技术与教学融合共生

技术为教学服务，体现为手段和工具。教学离不开技术，反过来它是技术的试验场和试金石。在在线教育系统中，技术和教学不是谁先谁后、谁决定谁的关系，而是融合共生、双向赋能的关系。

5. 促进高质量持续发展

高质量发展是我国高等教育步入普及化阶段的基本要求，应成为高校在线教育常态化发展的导向。质量第一应当成为高校在线教育的重要准则。质量发展是高校在线教育保持长效发展的应有之义。

（二）发展原则

1. 育人为本

在线教育的本质仍是教育。"育人"功能仍是在线教育的核心功能。高校在线教育的常态化发展必须坚持立德树人，强化育人导向，对"人"的关注应当重于对"物"和"技"的关注。

2. 需求引领

普遍化在线教育的首要需求是解决学生有课上的问题，上好课则在其次。高校在线教育应当以学生的常态需求为引领开展。高校和教师应当深入开展学情调查，针对学生的实际需求，因需施教，为需而教。

3. 应用为王

简便的、大众的事物更易持久。高校在线教育技术的发展应当坚持"众器"理念，遵循够用、精益原则，重点考虑技术的大众化、易得性、易用性。

4. 开放共享

不论是政府主导、高校自建的还是企业开发的，或者是政府、高校和企业共建的在线教育资源和平台，都应当秉持开放共享精神，加强互联互通，加强共享共治，最大限度地发挥教育价值。

5. 融合创新

各在线教育要素根据内在逻辑联系进行深度融合，在此基础上对教学流程进行重组再造，推动在线教育变革创新，发挥系统效应。

（三）发展愿景

我国高校在线教育经过几十年的发展，在国家层面，应完成数字化转型，构建适应未来高等教育新形态、高校新样态的在线教育新生态，持续高效培养智慧型人才，建成更加人本、公平、融通、智能、高质量、可持续、更具中国特色的高校在线教育常态化发展体系。其中完成数字化转型是基础愿景，为核心愿景奠定坚实基础；构建适应未来高等教育新形态、高校新样态的在线教育新生态是锚定上级愿景的过程性愿景，为核心愿景提供基础条件；持续高效培养智慧型人才是核心愿景，是整个愿景体系中的关键部分；建成更加人本、公平、融通、智能、高质量、可持续、更具中国特色的高校在线教育常态化发展体系是结果导向的成就型愿景，是整个愿景的实质性部分。所有高校应根据自己的教育目标和现实情况，制订在线教育在较长一段时间内的发展计划。

（四）发展格局

高校在线教育体系包括教学、个体、机构、技术、质量、能力、制度、环境、系统等要素和圈层，应当根据这些基本要素和圈层确定基本的发展任务。教学发展包括教学设计专业化、教学形态优化、教学内容重组、教学资源汇聚、教学平台发展等。个体发展包括赋能赋权教师教学生学、提升师生在线教与学的能力素养、师生角色优化、提升学习体验感和满意度、教学个性化、改善教学和学习投入等。机构发展包括转换学校角色、建设在线教育治理体系、学教管相结合、提升在线教育企业适应性、发展在线教育行业组织、智库机构等。技术发展包括在线教育技术迭代升级、提升技术使用成效、提升技术适合性；促进技术与教学深度融合、推动人技共育等。质量发展包括数字化教学评价、质量标准体系建设、质量保障体系建设、质量持续改进等。能力发展包括提高教师在线教育力和学生在线学习力、发展持续学习力、发展在线教育治理能力等。制度发展包括优化制度供给、消除制度性障碍、推动制度变迁、提升制度规范力等。生态进步包括提高网络教育的感受和互动能力、智能化程度、构建一体化的学习平台、增强线上课程服务的灵活性等方面。

二、高校在线教育常态化发展的路径

（一）发展方式

1. 增长方式由外延式转向内涵式

高校在线教育在旧常态和非常态发展中依靠大量集中的经费、政策支持、人员、平台等增量投入获得增长动能，高校在线教育在新的条件下更需要强调教学创新、人员素质提升、机构和流程再造等存量优化，精耕细作，获得可持续的增长动能，实现内涵式发展。

2. 运行方式由粗放型转向集约型

高校在线教育在旧常态和非常态发展中依靠扩大课程覆盖面、增加参与人员数量、延长教学时间等在线教育的量或者规模，进行粗放型运行，往往带来资源浪费、效率低下等问题。新常态发展应是集约型发展，主要靠教育模式创新、教学技术进步、教师人力资本增值、资源结构优化、学习型组织建设等来推动发展。

3. 资源配置由重点式转向均衡式

高校在线教育在旧常态和非常态发展中往往进行资源的重点式配置，如将教育资源集中投向重点高校、一流学科专业、核心课程、教育发达地区等，追求效率优先，以此实现的教育发展往往不可持续。相较而言，在新常态发展中，教育资源更多采用均衡式配置方式，兼顾效率和公平，重视资源的共建共享，重视增强师生的获得感，更有利于"人人能学、处处能学、随时能学"学习型社会的建设。

4. 反应方式由应激式转向主动式

高校在线教育在旧常态和非常态发展中，面对外部刺激和变化，相关主体往往准备不足，缺乏稳定的机制和制度保障，在面对危险、突发情况等不利状况时，往往做出被动、本能的反应，在线教育系统稳定性、决策的理性程度往往较低。在新常态发展中，相关主体往往通过建立健全制度和机制，提前做好思想、理论、资源、信息等准备，且能在意外情况面前保持稳定和理性，更好地应对外部不利情况。

5. 结构模式由趋同型转向分化型

高校在线教育在旧常态和非常态发展中往往采用趋同型结构模式，相关主体在处理内外部关系时更强调步调一致、标准化操作、消除差异，通过基于相同尺度的规模化增长获得发展动能，由于其缺乏互补和配合，发展势头往往不持久。在新常态发展中，高校在线教育更多采用分化型结构模式，内外部相关主体之间以各自的优势为依托进行互补和协作，尊重差异性，鼓励通过差异化发展实现在线教育系统的总体发展和价值增值。

6. 条件建设由"硬实力"转向"软实力"

在基本条件建设中，物理空间建设、教育设备建设、网络基础设施建设等"硬件"建设带来高校在线教育"硬实力"的增长，是高校在线教育发展的物质基础。但是硬件和硬实力并不是高校在线教育发展的全部条件，互联网文化、信息素养、多样化应用、多模态数据和信息等"软件"及其带来的"软实力"也是高校在线教育发展的重要条件，当硬件和硬实力得到基本保障后，后者更应当优先建设发展。"新基建"的在线教育模式突出对"软件"与"软实力"建设的重视，这正好符合高校在线教育的持续发展趋势，因此必须积极推动这一进程。

（二）构建常态长效发展机制

高校在线教育常态化发展的平时机制分为形式机制、层次机制和功能机制等类型，包括动力机制、能力机制、协同机制、融合机制、制约机制等基本维度。保障高校在线教育常态化发展的动力包括观念更新、理论创新等内驱力，法律规范力、政府引导力、技术催化力、市场推动力等外驱力，以及供给侧结构性改革等中介驱力。这些动力要素内外联动、多力合为，共同推动高校在线教育持续发展。来自高校、师生、教学活动本身的内驱力是高校在线教育发展的原初动力，也是最可控、可靠的动力。如何激发、调动、维系、产生足够的内生动力，是高校在线教育常态化发展动力机制建设的要务。建立针对师生的精神激励、任务激励、物质激励等相容的多层次激励机制是内生动力发展的基础工作。政府主导公共平台和资源建设，保障在线教育的公益性，通过宏观政策规范、引导和监督在线教育供需，为高校在线教育健康发展提供根本保障。

为了使高校在线教育能够持续进步并实现常规化发展，我们需要建立由多方面协作组成的系统，包括思维协调、计划配合、政策整合、规范统一和任务合作等。这种方式可以结合特定的联合行动和一般的共同努力，如纵向和横向的互动，打造出一种全面的协同模式来支持高校网络教学环境。此外，也应创建一种兼具包容性的联结机制，以满足高校多样化的需求。这其中的一大关键因素是教育资源的共享，让更多的学校和个人参与到这个领域中来，以此丰富在线课程内容。

建立互联共享的融合机制。一是构建在线教育与线下教育、教学与技术、普通教育与职业教育、学历教育与非学历教育、基础教育与高等教育等有机衔接、互联互通的高校在线教育"立交桥"，促进高校在线教育持续发展。二是通过融合机制，以需求为导向分类开发教育资源，向师生提供"大资源服务"。一是需要构建一种基于整合型思考的教育模式来实现线上教育中的"社交互动"，并形成一整套连续且统一的学习架构与联系；二是要利用相关联型的思想推动学生的自主交流、同伴间的互相学习及教师对他们的指导共同进步的过程。根据共同体思维，促进高校间、高校与企业间、企业与企业间、高校与政府机构间的在线教育联盟建设，联盟内资源共建共享，共御风险，共同发展。三是建立规范有效的制约机制。首先，构建高校在线教育项目遴选、目标考核等自我约束机制，审计、问责等政府监督机制，竞争、淘汰等市场约束机制，公约、认证等行业约束机制，通过这些机制促进高校在线教育良性发展、健康发展；其次，参考"负面清单"模式，规范高校在线教育新业态发展；最后，强化安全防护，对在线教育实施有效监督，以避免非法人员利用在线教育进行违规操作。

（三）设计多元发展对策

构建一个由知识逻辑和教育原则所决定的教育策略、依据权力和治理原则制定的行政策略、依据竞争和价值规则制定的市场策略，以及依据创新和科技原则制定的技术策略等多元化策略体系。

1. 教学发展

综合组织教学目标、资源、活动、情境、角色等要素；重塑教学流程；教学设计专业化；加强在线"金课"建设，打造线上"金课"集群，提升在线教学卓越度；教学资源多形态、多模态、多样态；开展在线课程思政等。

2. 个体发展

设立首席在线教育官，加强在线教育领导；大力培养在线教育专业人员；按照未来教师、数字教师或智能教师的标准开展在线教学培训；借助现代信息技术实施智慧培训，精准施训；探索网络虚拟教研，促进教师在线教学专业化发展；分层分类培养师生在线教学和学习技能；促进学生间、学生与教师间、学生与教学资源间的有效交互；提高学生学习投入度、满意度和体验感；建设在线教育创新团队；建设在线学习共同体等。

3. 技术发展

技术发展以"服务教学、育人为本"为价值取向；教、学、技三位一体，促进课程内容、教学方法与信息技术的深度融合、融通；综合应用多种技术，开发个性化在线学习系统，推动精准教学发展；以需求为导向开发和使用资源平台、智慧教学工具；借助大数据、区块链等技术打造生动、有趣、个性化的智慧化教学应用场景；推进教育新基建，打造泛联、智能、融合、韧性、绿色、生态和治理的在线教育体系；保障网络和信息安全等。

4. 能力发展

构建金字塔形分层能力发展体系，基础能力发展重在补短板、强弱项，核心能力发展重在支持核心建设内容、任务，竞争力发展重在使在线教育上水平和层次；在线教育能力分类发展；加强在线教育领导力建设；提升在线教育治理能力；信息技术赋能能力发展；提升安全能力等。

5. 质量发展

强化网络授课的标准构建；打造线上课程的持续监控机制；创建科学且高效的学习评估模式；融合预测性的评分、过程中的评分、激发式的评分、结束时的评分和总体评分等多种评估方式，以推进自我调整的测验和学生的积极参与；研究利用数字勋章、学分账户等方式，搭建在线教育成就验证及转化框架；学校内部需秉承高质量的教育理念，并制定全方位的质量控制制度；助力教导和评审的整合发展；通过科技的力量对评估工作提供支持等。

6. 系统发展

构建高校在线教育问题发现、分析、决策、处理、控制、反馈、再控制、再反馈的闭环系统；优化高校在线教育的生态位；构建和扩大高校在线教育生态圈；推动高校在线教育生态系统进化；高校在线教育系统要素有机联系，形成"教育共振"，组成教育共同体，促进教育最优化；优化高校在线教育系统环境，促进与外部的物质、能量和信息交流，激发系统内部活力，提升系统自我调节、不断演化的能力等。

第二节　新媒体互动对在线教育发展的影响因素研究

一、新媒体技术的特点

（一）广泛性

新媒体的应用分布在各式各样的人群之中。它的广泛性还可以体现在应用的客户体验上，如新媒体上开发的发现艺术、微商城和艺术社区板块，是可以很广泛地提供各式各样的内容和服务形式的。新媒体的广泛性体现在传播内容的多样化、传播形式的多元化和传播时间的即时可视化。公共艺术教育领域本身对传播方式的多元化和传播内容的广泛性有着很高的要求，单一形式的传播方式会使受众固化思维，失去艺术创造的能力。新媒体资源借助网络也变得更加广泛，能够在学科之间、学校之间、地区之间形成教学资源互通，帮助学生打破专业壁垒，冲破时空限制，满足对艺术学习的需求。

（二）交互性

交互性是新媒体的显著特征之一。新媒体也是自媒体，可以提供个人化的内容发布和传播方式，在人与人之间通过新媒体进行互信分享和反馈交流，突破了参与的限制和时空的束缚，使每一个信息节点的人都成为网络中的一分子，实现信息在人与人之间的交互。新媒体的应用方面，人工智能的服务实现了人机对话聊天，新媒体的强大技术能力实现了人与机器之间的信息交互。

（三）非线性

在新媒体传播中，每一个节点用户都可以发布或接收信息，他们可以通过新媒体进行信息传播，也可以通过搜索来获取和处理信息。这种多样性使新媒体成为一种有效的信息传播方式。利用新媒体技术，观众可以根据自己的需求进行点播观看，信息不再是自上而下的线性传播，而是根据需求变为非线性传播。在高校在线教育中，网络的课程资源可以随时进行点播，也可以重复视听。一堂课，通过重复播放学习，学生会对课程知识点的理解和印象更加深刻。学生在学习某一知识点时，媒体系统可根据用户需求提供具有关联性的内容链接，学生可能进入"非线性"的学习过程，通过一个知识点而获得极大的外延，从而更加有效地促进在线教育深度和广度的发展。

（四）动态性

随着电脑和网络的发展，从充分利用视听手段的多媒体到自由发布信息的自媒体，再到应用广泛的新媒体，技术变革也在不断进行。新媒体与生俱来的创新与变革决定了其动态存在，这恰恰是与时代的发展同步进行的。因此，高校在线教育发展过程中，要利用新媒体对教学进行改革创新，这也正是全体师生必须要面对和思考的问题。

（五）效益性

由于新媒体的移动终端的便携性，满足了用户不限地域不限时间的互动沟通、娱乐等需求，使人们可以充分利用生活中的碎片时间获取信息，积少成多，学习时间较短、吸收效率更高。新媒体网络上具有丰富的教学资源，大量的线上教学工具、应用软件、电子书等可以免费共享，并可以复制、下载。传统媒体如书籍期刊，可能买了书之后才能进行阅读，阅读之后可能会发现感兴趣的内容不多，扔了又觉得可惜。新媒体能够在数据流中发挥重要作用，不仅能够有效地传播信息，而且能够提供多种形式和内容。学生能够获得专业知识，而且成本低廉，甚至可以免费，课堂教学也不再受制于空间的限制，变得更为简单；教师能够充分利用网络资源，避免大规模复制性操作，可以将资源和注意力投放到信息融合、教案制作等方面，并且能够利用新媒体技术创新教学方式，进而改善课堂教学，提高教学质量。

（六）多元性

新媒体改变了人们的交流方式。在新媒体平台上，对于同一事物的认知，众多的意见和观点形成碰撞交锋，受到不同价值观、不同审美情趣的影响，人们可以产生更加丰富的理解，表现为思想多元，进而产生"去中心化"和"权威化"环境。

二、新媒体与高校在线教育的双向需求

（一）高校在线教育需要新媒体

对比新媒体和传统媒体的特点，不难看出新媒体的优势所在以及高校在线教育对新媒体的迫切需求。

1. 时代发展的形势决定

新媒体已经渗透到大学生的日常生活中，教师应该勇敢地站在时代的前沿，并以科学合理的方式运用它，以便更好地满足学生的需求。

2. 教学思维的变革决定

新媒体时代带来的是人际关系的重构和学习方式的创新，在这种形势下，教师必须大胆地、主动地迎接变革带来的挑战，这需要他们思考、探索出符合时代潮流的教学新思维。

3. 新技术的吸引力决定

新技术以满足人们的基本需求为出发点，为学生提供了更加优质的体验，这种魅力针对愿意接触新奇事物的学生而言是一种强大的动力，高校在线教育也需要借助这种动力来保持教学的活力和有效性。

（二）新媒体在高校在线教育中进行再创造

新媒体在被运用于在线教育的过程中，能够产生出更多、更广泛的人文和经济价值。高校在在线教育中应用新媒体，也使新媒体获得广阔的发展空间和拥有广泛的用户群体。

三、新媒体互动技术应用于在线教育的方式

（一）新媒体应用于在线教育的技术模块

1. 播放器模块

HTML和Javascript是构建系统播放器的核心技术，其主要特性包括以下几点：（1）提供一个用于管理视频播放与暂停的关键控件，通过设置可调整的进度条，允许用户精确选择要学习的特定部分；（2）利用全屏模式，使学生能专注于线上课程及互动内容，获得更佳的学习感受；（3）实现对时间的监控能力，可以在特定的时刻中断并执行互动模块的相关动作。

2. 交互模块

利用网络教学影片中的互动元素，能显著提升观众对影片内容的好感度和学习的成果，同时能提供优质的学习体验。常见的互动方式包括以下几种：（1）需要学生积极参与才能继续观影的断点型互动部件；（2）在一定时间内以弹出窗口的形式呈现且不会影响影片进度的连续型互动部件；（3）会在线上影片播放过程中自动出现的、用来引起学生关注的部分，如影片指引部分，方便他们回看或快进学习。

3. 数据可视化模块

信息视觉化是利用图形和图像技术来呈现后台数据的一种方式，可以使用户更容易理解复杂的信息。对于在线视频互动的行为来说，其数据视觉化具有如下优点：（1）即时性反映。每当学生在线上视频中执行一次操作，该动作就会立即被传输到后台，从而修改后台数据。然后，这种实时反馈会立刻显示在前端界面；（2）全局性展示。数据视觉化的一个重要特点是可以把大量数据整合成一张图或者一个图像，这样可以让系统更好地了解学生的总体状况，构建出完整的学生学习活动形象。

4. 弹幕展示模块

借助在线教育平台中的弹幕插件，可以克服网络学习的现场体验不足的问题，并能显著改善在线教育中教师与学生、学生与学生之间缺乏互动的情况。此外，这也有助于提高学生参与讨论的热情。

（二）新媒体应用于在线教育的项目类型

1. 在线教育资源库

互联网上的各类在线课程、练习题目、数字课本、微型视频教程（简称"微课"）及研究资料都是在线教育资源库的一部分。这些产品自网络教育出现就开始自我演进了。然而，随着技术的进步与新产品的推出，它们对于使用者的吸引力逐步降低。但在过去数年中，这种情况有所改善。例如，备受瞩目且广受好评的微课，因其授课时长较短、主题清晰易懂并方便储存和检索，成为有效的课堂学习工具。

2. 双向互动的在线教育平台

相比单一展示模式下的在线教育资料库，具有交互性的在线教育平台更注重互动性的发展。这类产品的种类包括教育游戏、各种题型库、慕课、线上竞赛等。其中，教育游戏类型的产品致力于利用娱乐方式让学生迅速理解并应用相关知识点，并在模拟环境下运用这些知识。

3. 新媒体教育教学辅助工具

新媒体教育教学辅助工具大致可以分为三类：一是用于创建在线课程的视频录像软件，协助教师生成高质量的线上视听教程；二是专门的教育教学应用程序；三是一种教育搜索引擎，其目的是让教师及学生更快地找到所需信息并解决相关问题，从而节省时间和提升学习效果。

4. 移动教育类手机应用软件

随着互联网和智能手机的大众使用率提升，各种行业已经将焦点转向利用手机应用软件来扩展业务范畴。首先，借助这种工具能有效地吸引并聚集大量可能的新客户群体，以提高其品牌知名度及开发覆盖面更广泛的产品或服务种类；其次，它能够影响人们的许多生活习惯甚至工作模式，为相关产业带来巨大的商业机会，其个人化的内容呈现形式、灵活的使用场景适应能力、高度自定义的功能设置、强大的学习辅助功能等特性，都是满足当前社会对新型教学手段需求的关键因素。

四、新媒体应用于在线教育的探索——以微博为例

（一）微博的特点

1. 运用灵活，便于使用

微博是一种多功能的社交媒体，可以让用户通过多种传播渠道实现文件、图片、视频的上传、观看、评价和转载，并且具有极大的灵活性，用户可以通过多种方式获取和传播信息，包括发布、关心、转载、评价、收集、私信、微群、问题探讨等。用户在进行微博注册登记和使用等一些相关操作时也非常简单。

2. 内容精炼

"碎片化"的信息传播方式在当今社会中具有显著优势，这种"碎片化"不仅仅是"碎"，更重要的是"精"，即内容的精炼性。这种"碎片化"精炼内容更加符合现代社会的信息需求，符合人们在碎片化时间里的消费习惯。"碎片化"的信息传播不仅可以满足信息社会的需求，而且能够克服传统媒体即时性和时效性的不足，它以完整的新闻内容按照主流话语表达，而不受任何组织目标和指导原则的限制，从而可以更好地满足公众的需求。

3. 背对脸交互信息传播

背对脸是一个人站在别人背后看着对方，双方之间没有互动。微博用户采用背对脸的跟随方式进行交流。这种关系是单向的，一方不需要征求另一方的同意；一方已经选择了效仿的对象，那么其微博更新状态将显示在个人空间。可以是点对点的，也可以是一个点对多点的。传统的单向大众传播缺少互动性，只能通过简单的信件、电话或其他形式的传递来实现。这些回应往往是落后的，缺少即时性和直接性。相比之下，微博可以弥补这些缺点。

4. 实现群组讨论

微博用户可以创建群组。一个用户想要，加入群组需要通过验证，管

理员可以管理群组内的每一个成员。小组是一个封闭的圈子，用户可以在里面畅所欲言，表达自己的意见，其具有隐私保护功能。微博群是一个讨论组，每个人都可以在里面讨论自己感兴趣的话题。

（二）利用微博加强高校在线教育效果的方式

1. 以微博为媒介，实施个性化的课堂教学策略，以提高学习效果

个性化教学策略，就是按照不同教学对象特点去设计教学方式方法，达到教学目标的一种策略。大学生来自各地，学习兴趣、喜好、学习水平、智慧开发和学习风格各不相同，因此，在教师教授同一课程时，他们的学习效果会有很大的差异。为了满足这些差异，教师应该主动引入微博工具，以便更好地实现个性化教学。通过微博互动，教师能够更好地了解学生的学习特征，为个性化教学提供有力的支撑。在课前，教师可以通过微博搜集反映课堂教学效果的有关信息资料，进而了解教学对象的特点，为开展个性化教学打下良好的基础。微博作为课堂教学的一个十分重要而有益的补充，其与课堂教学过程进行有机融合，使微博成为学生学习的有用工具与教师教学的重要手段，提高课堂教学效果，建立高质量的教学互动评价体系。

2. 建立基于微博的协作学习机制

协作学习机制是指学员参加学习小组，为了实现共同的学习目标，通过激励机制，与团体之间相互合作，从而实现学习成果的最大化。基于微博的协作学习机制能突破课堂教学在时间和空间上的限制，使协作学习的稳定性和控制权得到保证。作为新网络媒体，微博具有话题发起、群体共享等功能。采用学生交流和教师交流的形式，高校可以更好地开展合作教学。小组成员可以将学习中的探索、发现和有用的资料同组内其他成员甚至与其他组或全班同学共享，教师可以通过指导的方式有效地控制协作学习的开展。微博作为一种即时通信工具，可以有效地将师生双方的知识积累和教学反思融入高校课堂教学中，不仅能够提升学生的自学能力和协作学习能力，而且能够锻炼教师掌握信息技术能力。

五、新媒体环境下高校在线教育的发展趋势

现代信息技术不但继承并发扬了传统媒介的部分特性，而且具备一系列崭新的特殊性能。当它被应用于大学生的网络教学活动中时，会给教学任务带来巨大的变革，并在某种程度上有助于推进教育活动的进步。在新兴的信息化时代中，人们预测到高校在线教育活动可能会呈现以下几个方向性的变化：

（一）突破教学时空

随着移动终端的普及，高校在线教育的场所和时间发生了巨大的变化，其通过网络和多媒体手段，不仅能够进行远程沟通、即时交互，而且能够带来丰富的教学内容，让学生在多种空间、多个屏幕、多种角度参与线上与线下教学，为他们的学习和实践带来无限的可能性。新媒体的信息传递和阅读能够超越地域和时间的限制，支持长期有效的转发；学生不再受限于固定的课时，而是可以有效地利用碎片化时间进行学习，这将成为一种新的学习方式，让随时随地学习成为一种现实。

（二）师生关系变化

教师已非单纯地向学生灌输信息或充当专家身份。学生的地位也发生了变化，他们不再被动地接收知识，而是主动寻求理解与创新并建立自己的认知体系。教育的目标已经由教授单一知识点转向培养学生的综合能力及自我发展潜力上来。学生从"要我学"转变为"我想学"，在新媒体时代背景下，这一变革将会推动教学真正实现"教学互进"和"教学相长"。

（三）个性化教育

随着新媒体的发展，分众化和小众化的特征更能满足用户对个性化服务的需要。作为寻求自我表达和独特性的大学生，他们对高校教育方式有着更高的期望。在新媒体的环境下，借助数字化工具（云计算、数据挖掘等），教师可以根据学生的具体表现有针对性地进行课程安排，从而满足他们的个性化需求。

（四）促进创新

随着新媒体科技的迅猛发展，高校在线教育活动能有效激发学生的创

新力，如虚拟现实头戴式设备可提供沉浸式的视觉和声音体验。未来的科技创新会更加丰富多样，高校教育也可以借助这些新兴技术给学生带来全新的学习体验，并积极探索教与学的方式方法。新媒体为教育的改革提供了新的可能，这不仅体现在对大学生的艺术教育上，而且包括课程设计、教学方式、人才培育及实际应用等方面。借助于新媒体，高校可以更高效地整合学校内外的教育资源，跨学科的学习互动也能引发更多的思考和讨论，从而提高学生的思维水平和自我修养，增强他们多元化媒体策划的能力和执行力。

第三节　5G网络技术对高校在线教育的应用与影响分析

一、5G网络

5G，全称为第五代移动电话行动通信标准，也被理解为第五代移动通信科技，这个日益普及的词汇正逐渐渗透到日常生活中。其主要任务在于确保所有终端用户持续保持连接。未来，5G不仅服务于电子产品，而且涵盖远程学习、智能家居设备等多种应用场景。实际上，5G代表着对现行4G网络的一次重大提升，其关键特性与传统无线网络有所区别。可以明显看出，相较于4G，5G能更有效率且灵活地支持各类需求不同的设备。如今，在工作及生活中的常用工具主要是手机和平板电脑，而5G也将支持新兴的基础行业，如资产追踪、智能农场管理、健康监测仪、智慧城市建设、公共设施监控、远程监视、信号灯控制、线上购物、智能家居设备等。

二、5G网络在在线教育领域的应用

社会的进步及技术革新推动了各领域的持续增长，包括教育行业也在适应这些变迁并做出相应的调整。面对日益壮大的网上学习潮流对现有的教导方法产生了巨大的影响，必须打破固有框架去融入这个日渐发达的教

育环境中，寻找更为前沿且稳定的部分，同时也要考虑其具有前瞻性的趋势走向。经过数次迭代后，如数字化的远程授课到结合互联网+技术的混合式课堂，再到利用手机或平板电脑开展的学习活动等，都已成为当前主流的在线教育形式之一。还有智能化学习的出现进一步拓展着视野范围。如今，越来越多的人开始接受基于虚拟平台上的互动式多媒体教程。这是一种全新的体验形式，不仅能提供丰富的教材资料供人选择使用，而且能使师生之间建立起一种新的关系纽带，即"主讲者—在线教室—学生"，充分调动教师的积极性，创造出更多富有吸引力的知识点。此外，也可以借助高清晰度的教学音频视频的即时传播、虚拟现实/增强现实等可佩戴设备来实现课堂实践，这有助于教师创造一种让学生感受到"亲身体验"的教育模式，让学生更深入地理解他们感兴趣的部分，并提升教师的授课效益及学生的学习热情。在网络课程中，教师和学生可以通过课堂内容进行有效交流，教师能迅速回答学生的疑问。

随着5G时代的来临，在线教育的情景不断变化，使得教师可以在线上课堂上监控学生的学习状况，这对学生的学习成效和教师的教学成果具有重要影响。通过线上的教育形式，学生可以在特定的语言环境下参与到互动活动中去，激发他们的思考能力，增加他们在学习过程中的注意力集中度，所以，未来的教育发展将会以5G技术为主导方向。

三、5G网络对在线教育的影响

在5G环境中，技术的进步无疑会提升学习经历，在线教育正日益依赖于人工智能和大数据，它们将在线上学习过程中发挥重要作用。由于人们越来越重视个人化的成长和教育方式，导致众多关于定制式教学的需求。无论是获取学习资源、交流管理的流程还是核心课程的内容设计，都必须满足时代的需要。

（一）突破时间和地域的束缚，提高学习效益

预测显示，随着对5G的应用，有望把延时降低至十微妙以内，这意味着用户可以享受到更加顺畅的服务质量。由于它的高效性和高速度特性，

5G为21世纪的教育进步与广泛传播提供了一个巨大的科技基础及平台支撑。而在这个快速发展的在线教育领域中，这种优势将会因5G的运用变得更加强大：线上的授课效率可能接近或超过传统的现场讲授效果——学生不会再被限制在学校或者工作场所的时间里接受知识灌溉。他们可以在任何时间地点通过互联网获取优质的学习资料，享受无缝连接带来的便捷服务。

（二）跨越地域限制，提升教育公平

克服因地理位置因素导致的教学材料不公平分派，使得知识获取触手可达。利用稳定且广泛的数据通信技术实现在线课程的多教室同步对话功能，无论身处在何种环境下都可通过在线的视频授课来享受优质教材内容，并参与到全球范围内的资料共用之中去。

第四节　大数据与人工智能对在线教育的影响

一、大数据及人工智能助力突破在线教育瓶颈

（一）利用大数据和人工智能提升现场教学的体验感

线上授课体验不够丰富和生动，主要是因为缺少个性化的内容设计和有效的互动环节。利用大数据技术，可以实时收集并解析学生的学情信息，为他们提供实时的答疑解惑服务与探讨交流的机会，以此来增强他们的上课感受，提高学习成效。此外，借助人脸识别、语音识别等人工智能技术手段，可以在线教育环境下模拟出类似传统教室的学习氛围。

首先，利用大数据技术，可以追踪到学生在学习过程中每个知识点的学习时间、反复阅读的频率、课上练习的正确率等详细信息，并对这些数据进行深入研究和解析，同时比较它们以精确地确定学生对于所学内容的理解水平与教师设定的教学目标之间的差异。这种差距可被视为学生训练需求的一个部分，因此能更精确地了解他们的学习需要，然后根据这些情况及时解答问题或者修改课程安排，提高学生的学习成果。

其次，利用大数据技术，能够实时捕捉学生的疑惑并在后端数据库中

做比较分析，为他们提供精确的问题回答，使得可以在线及时解决他们的困惑。这种方式能有效地提升一对一教育模式下无法满足的实时问题解答能力。同时，对于有相似问题的学生，可以通过立即组建小组讨论或由后台专家解答等方式，实施个性化的学习交流活动，提高在线学习的交互式教学感受。

最后，借助大数据和人工智能技术的支持，能更好地了解学生的课堂反应，增强他们的实际学习经验，推动个性化的教学模式及实时的互动环境。运用人脸识别科技可追踪学生的情绪变化，以此记录其课堂行为、注意力集中情况、是否存在疑惑等问题，进而评估学生的吸收能力，并将所得数据回馈给教师，以供他们根据需要适时修改教学策略、教学规划、教学方式等，这样便有可能实施针对性的教学。同时，借助于语音辨识和自然语言处理技术，可以让在线教育更加贴近现实课堂的教育，线上课程可通过问答、小组讨论等方式开展，使用语音辨识来解析学生回应的内容，用自然语言处理去解读学生表述的意思，再综合大数据分析后做出比较判断，最后把结果反馈给学生，就像传统课堂那样促进师生间的互动沟通。

显然，利用大数据和人工智能技术可以大幅度提升线上学习的实际体验，让学生感受到如同面对面的授课环境，同时能精确评估每个学生的学习进度，发现他们知识和技能上的不足之处，并且根据每个人的需求制订相应的教学策略，从而高效地实施个性化的教学方式。预计未来，借助大数据和人工智能的力量，有望全面提高线上学习的效果，吸引更多的人以这种形式获取教育训练。

（二）大数据和人工智能提升在线教育系统性

在线教育系统的连贯性和完整性不足，这个问题源于线上课程往往侧重于分段式学习，易忽视全局的体系构建；或是由于涉及的主题过多，导致学生无法挑选出符合自身实际情况和需求的最优课程。然而，借助大数据和人工智能技术，可以实时追踪学生在学习过程中的数据信息，如学习偏好、学习模式、知识点理解深浅、知识点覆盖面等，并对这些数据深入研究和解析，准确地了解学生的学习需要，然后依据他们的学习能力和现况为他们推荐最佳的相关课程。

（三）大数据和人工智能提高在线教育课程的完成率

尽管从表象看，导致在线教育课程完成率低的原因主要是学生自我管理能力不足，但是深层次来看，问题根源在于课程本身无法引起学生的足够关注和兴趣。相比之下，他们的注意力更多地被其他让他们感到有趣的事情所吸引。

学生在学习他们感兴趣的内容时，常常能够事半功倍。通过运用大数据和人工智能，能够准确地分析学生的行为习惯和兴趣爱好，精确匹配适合他们学习兴趣的课程，将知识点与他们感兴趣的话题充分结合起来，使得课程变得更加生动有趣，让学生对整个课程充满兴趣并主动地进行学习，从而提高客户黏性，提升课程完成率。

（四）大数据和人工智能优化在线教育质量

提升在线教育品质一直是其挑战之所在。要想全面改善在线教育的品质，可以从两个角度出发：一方面，提高课程的教学水平；另一方面，改进评价体系。

现阶段，许多学生的学习效率并不高，主要是因为他们无法明确自己的不足之处，所以通常会选择以重复做习题或者训练的方法来增强他们的熟练度，然而这种方法常常会导致时间的巨大消耗和精力的大量流失，但是借助大数据和人工智能技术却能够有效地防止这种情况的发生，大幅度提高学习效益。利用这些先进的技术手段，可以在在线教育中显著改善课程品质。首先，可以收集学生关于知识技巧掌握情况、学习热情、学习能力的各种信息，并准确定位出他们在哪些方面存在知识技巧上的空白，然后经过深入的数据剖析，推测学生参与某个特定课程之后的表现结果，进而为学生推荐最优质的课程，实现精准配适；其次，在学生正在学习的过程中，会依据其当前的知识技巧水平为其提供针对性的知识点巩固加深，进一步增强实时学习的效果；最后，当学生结束全部课程以后，将通过考试或是其他途径获得他的知识技巧掌握状况和其他相关资料，既可以通过跟之前做的预测相比，找出差异的原因，也可以把他现在的知识技巧水平和他之前的相比，更清晰明了地了解这个课程对他所产生的教育影响力，持续累积这类的影响力，辅助课程开发者不断地完善课程质量，最终达到在线教育课程质量的提升。

同时，人工智能技术在自主深层次的学习过程里，能深入挖掘知识和技巧的关键点，并在在线教育课程中给予特别重视，有助于显著改善学生的学绩水平。

（五）大数据和人工智能降低在线教育教师压力

在线教育教师面临的压力主要表现在两个方面：一是教师需要同时负责线下教育课程的教学和作业批改任务，还需要进行在线教育课程的开发和优化工作；二是教师需要面对海量的在线教育学生，逐一进行辅导指点。通过应用大数据和人工智能，可以完全协助教师减轻在线课程学生管理的压力。对于学生而言，他们的学习数据可以被准确地记录，并进行深度挖掘分析，从而准确判断学生的问题和问题类型，并给予改进建议，甚至可以为他们提供适合的习题来加强理解。对于教师而言，一方面，他们可以迅速地了解在线教育课程学生的知识技能水平、学习兴趣和行为习惯，并针对性地提供指导和改进建议；另一方面，通过利用大数据和人工智能帮助教师批改作业、试卷等，可以有效地减轻教师的工作压力，提升教学效率。应用人工智能技术，可以将在线教育的作业批改任务交给人工智能来实现，教师只需了解学业评分标准即可，然后对普遍存在的问题进行重点讲解，这样能够极大地节省教师的时间和精力，增加网上课堂的学生容量。

（六）大数据和人工智能优化在线教育认证体系

在线教育课程难以获得社会普遍认可的主要原因，是其没有建立起有效且可靠的评估机制所导致的高级证书系统的信任危机。利用数据科学和机器学习，可以把人类评审转变为电脑评判，以此来增强高级证书制度的可信性和准确性。对于在线教育的高级证书制度来说，为了得到公众的全面认同，不仅需要遵循线下测试方式，而且可以通过使用数据科学和机器学习提高高级课程的评分标准，甚至是采用网络模拟考的方式。

（七）大数据和人工智能推动在线教育观念的转变

随着大数据和人工智能技术的发展，教育的核心已经完全转移到了学生身上。学生的需要被视为教育的核心点，利用先进的数据处理工具精确地识别出他们的要求后，再根据其具体情况制订相应的教育教学方案。随着以学生为中心的教育观念在众多在线教育平台和课程供应商中得到认可，整个在线教育行业将经历重大转变。只有坚定地遵循这一教育理念，才能在快速增长的在线教育市场上占据主导地位。

二、大数据面向在线教育领域的应用

（一）提取有价值信息并归纳总结

目前全球范围内的在线教育已经在广泛应用并且持续深化发展。在这个过程当中所产生的大量关于教育的资料数量呈现指数级的增加，为用大数据的技术精确、清晰地描述和刻画各种地区、文化、习惯、环境下的学生形象提供充足的基础资源。所以，对于在线教育领域的数据分析，必须先要提炼出有用的信息并做概括整理。尽管大量数据包含丰富的有用信息，但是也混杂着一些随意、零散、没有实际意义的信息，这就需要从中筛选出符合特定研究主题、目的的数据样本，然后按照研究需求或者模式对这些数据进行有效的转化，以生成能够明显辨识或评价判断的标准。但是，由于在线教育生成的数据种类繁多、错综复杂，既包括平面文本和图像，也包括动画和视频，使得具体的数据抽取任务远比预想中的更加艰巨。

（二）分析出结果形成决策意见

在前述步骤完成后，接下来的任务便是通过对学生的数据进行深入剖析并生成有指导价值的结果，供教师、管理人员及研究者参考。这有助于改进现有的线上教学方式和内容，同时也为未来的学习活动提供了一定的预测性和洞察力。因此，相较于第一步中的数据收集，此步更强调全面且深远的策略制订。与此同时，关注的焦点在于构建合适的决策模型，而不是像之前那样专注于具体的算法或者技能。另外，之前的步骤主要目的是建立一种自我驱动且智能的自动化回应机制，但这个步骤则是为了适应各个领域的实际需求。

（三）搭建知识结构图

在在线教育的各个领域，各类学科和子项目都有一定的分布情况，而这可以通过对数据的大规模处理和解析来揭示出来。借助大数据技术，可以从一开始就在每个专业的网络课程中向学生提供一个明确的知识体系，让学生可以按照预定的路线或者依据个人主观的需求选择合适的路径去探索这个系统。这种方式不仅能使他们了解整个系统的框架，而且可以让他们决定何时何地以何种形式参与到某个具体的学习环节当中。

（四）实现课程推送式教育

通过使用学生选择专业或课程的历史数据，大数据可以帮助学生选取最适合他们的目标课程，跳过不必要的中间步骤，从而减少选择过程中的干扰。这种应用不仅可以节省学生选择课程的时间成本，而且可以减少由于犹豫不决导致的错误选择或遗漏选择的风险。

（五）智能练习与测试

训练及评估是在所有类型的教育过程中至关重要且不可忽视的方式来加强并稳固知识基础。对于在线教育的数字化运用，能够针对每一个学生的具体情况提供定制化的培训跟测验方案。此外，还可以利用这个机会进一步优化教学方式，使其更贴近人性需求。

解答策略借鉴也同样是智能化复习的重要组成部分之一。当学生在做题的过程中遇到困惑时，并不一定要花费大量的时间在这个上面，而是可以选择寻求一些辅助资料的信息帮自己解决疑问。这样做的好处在于它能让学生逐渐形成一种自主检查习惯，同时也能激发学生探索求知的积极性和主动精神。

三、人工智能面向在线教育领域的应用

（一）智能化考试系统中运用人工智能技术

互联网时代的进步使得基于人工智能技术的在线智能测试成为可能。此种测试模式能借助于考试软件，有效地提升教育评估的效果。这个系统的核心是用符号来表达知识，问题被以符号集的方式呈现出来，这样一来，系统就能识别出学生的回答是否准确无误。此外，它还能追踪并保存学生的错误答案，以便于他们日后复习这些题目。

（二）人工智能在智能导师系统中的应用

互联网时代下的智能导师系统又被称为是"智能化计算机辅助系统"，在互联网环境下被广泛应用于一对一的教育模式中。该系统的核心在于把多种科学技术，如电子设备与信息科技相结合，并将其运用到实际教育教学过程中来完成任务目标。此种方式既包括专门领域的建模（所谓的专业人士所掌握的基本理论及实践经验），也包括针对不同学生的具体表现而设计的个性化指导方案。此外，还能根据每个个体的能力状况去调整相应的课程设置，以达到最佳效果的目的。简言之，智能导师系统就是一个集各类资源要素于一体的产品设计产物。

（三）人工智能在智能教育机器人中的应用

在互联网时代，许多教育的机器人在教育领域的出现，它们能协助教师更有效率的教育工作。这个机器人还能实施多元化的课程设置，这有助于消除语言和数学教师的隔阂。多种科目的交融式教学，可以让学生全方位的能力获得增强。这种机器人对于科学、技术、工程及数学的学习非常有利，并能推动学生间的协作沟通，进而提高了他们的创造力。

四、大数据与人工智能在在线教育领域的发展趋势

（一）教育资源整合全球化共享成为必然

信息时代，人与人之间的"距离"大大缩短，无论何时、何地，都能够向身处万里之遥的朋友传递消息。各类教学观念、规则、科技及资源的流通速率也在逐渐提升。互联网技术使整个世界变成"地球村"，所有人在网上的一举一动都可能被纪录下来，而发布的任何视听材料都能为全世界教师所借鉴。

在这个信息快速发展的时期，在线教育的发展势头强劲，引起全世界教师与学生的关注，同时也引发了各方的投资热情。这对所有人来说都是个机会，但也是一种挑战。来自不同地区的优秀教师应主动分享他们的教学经验和成就，并将其转化为教学影片或者课程资料，然后发布至在线教育平台，以便让更多的人能够从中受益。

（二）大数据技术引领在线教育的发展变革

1. 促进在线教育质量监控的实时性

在大数据时代的背景下，数据挖掘与云计算技术的快速进步使得教师及管理人员能够利用真实的数据进行结构性的研究，构建更为明确的多维视角，持续追踪教学流程及其学生行为变化，从而归纳出对在线教育品质产生显著或潜在影响的关键因素。首先，招生、评估、控制、选拔等众多步骤都可被纳入数据监测范围；其次，借助完整且实时的教学质量监控机制的支持，无论是管理层还是教师，都能凭借客观全面的数据解析，找寻教育教学成效下降或是学生学习体验受阻的原因所在；最后，通过数据比较，能观察到学生的个人学习轨迹，辨识各人之间的差异，兼顾各个部分的教育质量监控。

2. 迎合学习需求，提供个性化的教育

当前的教育行业正在广泛利用大数据技术进行信息收集及学习解析，包括采用定量的统计方法处理初始的数据并寻找出学习主题、路线、时长、动力间的潜在联系。基于此种方式，能够评价学习成果并对问题进行识别，以找寻学习过程中的规律，进而预判可能出现的积极学习行为。在这个大数据时代，可以精确追踪到学生的个人喜好及其学习历程的相关信息，使得教师能依据这些数据做出的精准预测，有效指导他们的学习活动，并且提供更加针对性和智力化的学习材料，防止因依赖模糊的经验去挑选学习内容或造成课程重复建设的资源损失，减轻外部因素对学生学习倾向的影响，让真正的定制式学习成为现实，并将线上学习转变为令学生感到快乐的方式。

3. 提升在线教育评估的公正性和多样性

在新颖的学习环境下，利用最新的信息科技可以收集教学活动的全部数据，进而智能化分析学生的学习行为，实现个性的学习评估，给出精准的诊断结论。

一方面，借助数据清理及学习分析的技术，有助于教师和管理人员更有效率地实施学习干预，扩大视野，专注于学习的完整流程而非仅看重考试成绩，从传统的期末测试改为多种形式的评价方法，如诊断式测评、持

续性考核等，使得在线教育追踪学业的表现和情况分析以数据驱动的精确角度。依据学习过程中产生的数据记录，可更为公正地衡量学生的进步，同时大幅降低评估工作的难度和所需资源。

另一方面，大数据使线上学生和教师之间有更多的信息交流和角色的平衡，不仅限于学生的学习成果，而且重视那些可能影响教育品质但被忽视的边际因素。在大数据环境下，教育的评估领域得到了广泛扩展，所有对教育成果产生影响的内部和外部因素都成为被重点关注的对象。此外，第三方评估公司也参与其中，推动线上学习群体的发展，并构建一个积极反馈且高效率的教育生态环境。

4. 为在线教育决策、改革提供科学参考

大数据时代，对于所有教育策略的优化调整不再局限于简单复制或基于个人观点的猜想，而是要求全方位收集各方参与者在不同层次上的数据变化情况。在这个充满各种变量的数据世界里，通过解析这些函数的关系来为制订策略提供了支持，使得教育策略能更有效地执行其治理功能。为了做出关于地区教育平衡发展的决定，需要全面搜集并深度剖析各类数据，同时还要进行多元化的逻辑思维。利用学习分析的技术是为了借助大数据的力量为教育决策寻找实际的支持。大多数研究人员都相信，互联网的空间时间便利性导致大量的在线教育数据存在，并且由于大数据的使用方便，可以随时获得详细的信息，这有助于增强决策的证据基础，提高决策水平。在不断演进的教育环境和错综复杂的学习过程中，它可以促进学习评估、教学评估及平台管理的准确度、合理性和及时性，推进教育决策摆脱主观臆断的影响，由经验式决策转向命令式决策，并且以明确的数据模式助力在线教育改革进程向前推进。

5. 助力在线教育领域的学术科研

人文学科的研究方法通常依赖于对文献资料的深入解读并在此基础上设计出定量的调查问卷、量表或访谈指南等研究手段，然后通过现场考察或者样本分析的方式来完成科学探究。然而，随着科技在教育领域的应用日益广泛，收集定量信息的方法也变得愈发多样化，并且获得相关知识的路径也越来越方便快捷，不仅减少传统的教育研究过程中的步骤数量，而且减缓其复杂性，从而提升在线教育的研究效果，增强研究数据及成果的可信度与有效性。

（三）人工智能助推高校在线教育向智能化和开放化方向发展

高等教育本身就是一个动态的系统，在人工智能时代，通过教学活动将教师、学生与学习环境结合在一起。如今，教育已经无处不在，人工智能学习资源平台、方式和途径不断增多，学生不再受限于在大学课堂和教师的教导，他们可以通过智能手机、平板电脑、手提电脑等移动设备随时随地进行学习。这种全新的模式让学生成为学习活动的真正主体，传统的时间和地点限制对于接受教育而言已经不再重要。

进入人工智能时代，课程设置也随之发生了变化，从封闭转向更为开放和弹性的方式，并且其教育方法也在逐渐走向智能化。例如，通过使用电子设备可以控制展示出所需的教育内容，而智能型的显示器和课桌则成为新型教室内设施的主流选择。此外，利用智能型手机和平板电脑接入互联网以获取线上资料，使得教师能够轻松地在实体课堂上授课的同时，也能让学生在家中或其他地方参与线上学习的互动环节，从而实现两者之间的无缝对接。

随着步入人工智能的新纪元，诸如机器学习、生物特征识别及虚拟现实等先进技术的引入对高等教育产生了深远的影响，不仅意味着其基本架构和形态的重大改革，而且影响到高校线上课程的社会交互部分。这些新科技使得学生的学习时间与地点限制被打破，线上的学习平台也在持续更新，丰富的教育资源为他们提供了更多的选择，更灵活的教育工具也让他们有了更多样化的体验，精确的教育服务进一步提升，智能化教学模式得以发展，从而加速终身学习的实践和社会学习型社区的构建。

结　束　语

本书作为重庆市高等教育教学改革研究项目《重大突发事件背景下民办普通本科大学在线教学组织实施的实践与探索》（项目编号：203511）课题研究成果，旨在理解国内外在线教育整体发展脉络的基础上，从现代教育技术发展的视域出发，分析我国高校在线教育的应用情况，阐明在线教育在教育现代化时代背景中的重要作用。通过对在线教育的典型特征分析，探索出适用于应用型民办普通公办本科院校的在线教育实践路径，并对在线教育的应用与发展进行展望。

首先，本书从技术角度出发，概括性地阐述了教育技术的基本内涵，尤其是互联网技术高速发展对教育领域带来深刻影响和推动作用；其次，就在线教育有关问题进行了详细阐释，从在线教育的发展脉络中厘清其发展趋势和教育技术的推动作用。在线教育由远程教育发展而来，起步与函授，随着数字技术和新媒体技术的推广，在线直播教学、移动端教育手机软件如今已经进入大众视野。对高校在线教育而言，其对象主要为本科生、研究生、教师和成人教育群体，是我国在线教育行业的重要组成部分，也是我国在线教育中教学资源的重要基础和信息源泉。同时，由于对象群体的有限性和高校自身教育发展的方向性，来自政府、社会和企业的帮助能够为高校在线教育的发展起到重要作用。因此，高校在线教育的发展需要国家和政府的支持和监督，需要社会的重视和帮助，也需要从在线教育企业中汲取创意和灵感，从而有效地发展自身；最后，从技术角度看，未来高校在线教育必然在常态化的发展道路中获得新技术的支持，如大数据和人工智能推动高校教育变革，新媒体技术催生在线教育的新形态、新模式等。

参考文献

［1］［美］卡巴尼斯. 心理动力学疗法［M］. 徐玥译. 北京：中国轻工业出版社，2012.

［2］［加］詹姆斯·D.克莱因，［美］J.迈克尔·斯佩克特，等. 教师能力标准：面对面在线及混合情境［M］. 顾小清译. 上海：华东师范大学出版社，2007.

［3］马俊臣. 现代教育技术理论与实践［M］. 长春：吉林出版集团股份有限公司，2017.

［4］郭念锋. 国家职业资格培训教程（心理咨询师）［M］. 北京：民族出版社，2005.

［5］吕森林. 中国在线教育产业蓝皮书（2014—2015）［M］. 北京：北京大学出版社，2015.

［6］顾明远，孟繁华. 国际教育新理念［M］. 海口：海南出版社，2003.

［7］章普，朱敬，王永平. 素质教育与数学教学研究［M］. 沈阳：辽海出版社，2019.

［8］袁进霞. 新时代大学生素质教育新论：基于应用型人才培养的视角［M］. 北京：地质出版社，2018.

［9］杨俊枫. 面向数字一代学生的智慧教室设计与评价［M］. 北京：中国社会科学出版社，2017.

［10］邹霞，康翠，钱小龙. 教学设计：原理与案例［M］. 西安：西安交通大学出版社，2017.

［11］王妍莉，杨彦军，崔向平. 促进理解的在线同伴互评机制研究［J］. 现代教育技术，2018（12）：48—54.

［12］郑勤华，陈耀华，孙洪涛，等．基于学习分析的在线学习测评建模与应用：学生综合评价参考模型研究［J］．电化教育研究，2016（09）：33—40.

［13］童星，缪建东．自我效能感与大学生学业成绩的关系：学习乐观的中介作用［J］．高教探索，2019（03）：16—21.

［14］朱德全，许丽丽．技术与生命之维的耦合：未来教育旨归［J］．中国电化教育，2019（09）：1—6.

［15］郭昱麟．浅谈认知主义学习理论的研究及其应用［J］．黑龙江科学，2015（9）.

［16］刘邵宾．构建建构主义英语教学观［J］．湘潭师范学院学报（社会科学版），2004（7）.

［17］孔祥宇．"后慕课时代"的SPOC教学模式［J］．高教发展与评估，2020（05）：95—104+114+119—120.

［18］万昆，饶爱京，徐如梦．哪些因素影响了学生的在线学习投入：兼论智能时代在线学习的发展［J］．教育学术月刊，2021（06）：97—104.

［19］杨港，戴朝晖．大学生英语在线学习投入维度构成及影响路径分析［J］．外语与外语教学，2021（04）：113—123+150—151.

［20］胡小勇，徐欢云，陈泽璇．学生信息素养、在线学习投入及学习绩效关系的实证研究［J］．中国电化教育，2020（03）：77—84.

［21］曾本友，张妙龄，刘汶汶，等．技术赋能教研及其实践研究［J］．中国电化教育，2021（04）：109—124.

［22］康小红．"慕课"热潮下高校教师的角色转变与挑战［J］．中国成人教育，2016（14）：125—127.

［23］朱小康，伍叶，章志红，等．高校网络教学TQM质量监控体系应用研究［J］．电化教育研究，2016（6）：35—42.

［24］钟志贤，林安琪，王觅．自我管理：远程自主学习的基本能力［J］．远程教育杂志，2008（4）：29—36.

［25］刘振天．高校课堂教学革命：实际、实质与实现［J］．高等教

育研究，2020（07）：58—69．

［26］罗儒国，吴青．论教学活动的虚实二重性［J］．山西大学学报（哲学社会科学版），2018（01）：130—137．

［27］魏顺平，韩艳辉，王丽娜．基于学习过程数据挖掘与分析的在线教学反思研究［J］．现代教育技术，2015（06）：89—95．

［28］胡晓霞．高职院校教师考核评价机制构建的实践探索与思考：以国家示范高职院校A学院为例［J］．职教论坛，2015（14）：14—17．

［29］杨程．多管齐下提升教师在线教学能力［N］．中国教育报，2020-02-28：2．

［30］谭艳桃．美国佛罗里达大学在线教育硕士研究［D］．长沙：湖南师范大学，2021．

［31］于跃．美国大学生学业诚信教育的借鉴与启示研究［D］．长春：东北师范大学出版社，2016．